図解 言志四録

学べば吉

齋藤 孝

ウェッジ

はじめに

『言志四録』は、西郷隆盛や吉田松陰、坂本龍馬らが心酔した書ですが、お世辞にも広く知られている本というわけではありません。

しかし、この本は儒学者の佐藤一斎《さとういっさい》（一七七二年〈安永元〉―一八五九年〈安政六〉）が四十年あまりにわたって書いた語録で、指導者のバイブルと言われる名著です。『言志《げんし》録《ろく》』『言志後録《こうろく》』『言志晩録《ばんろく》』『言志耋録《てつろく》』の四書の総称が、『言志四録』です。合計で千百三十三条になります。

江戸時代後期に書かれた『言志四録』は、幕末から明治にかけて多くの日本人の座右の書となりました。そこには、生きていく上で必要な事柄が、心に響く短い言葉で的確に表現されていたのです。

その言葉は、変革期を迎えた時代を生きる多くの日本人の心を支え、揺さぶり、励ましたものと思われます。心を支えるという意味では、『論語』に近いのかもしれません。

とりわけ西郷隆盛は、『言志四録』を座右の書として逆境の中で書き写し、肝に銘じるように大切にしました。西郷は、特に自分の心に響いた言葉を抜き書きし、それは『手《しゅ》抄《しょう》言志録』（『西郷南洲遺訓――附・手抄言志録及遺文』山田済斎編、岩波文庫所収）として残っています。

『言志四録』は、座右の銘にしたくなる切れ味鋭い言葉もさることながら、仕事や人づきあい、リーダーの心得など、今を生きる私たちの支えになることが非常に多いのです。

著者の佐藤一斎は、昌平坂学問所の塾長を務めた人です。昌平坂学問所とは、江戸幕府直轄の教育機関で、高杉晋作や佐久間象山らが学んだ場所。今で言うと、大学にあたるでしょうか。その佐藤一斎の門下には数千人が学んだと言われています。

佐藤一斎の専門は朱子学ですが、その広い見識は陽明学にまで及んでいたと言われています。そのため、仲間からは「陽朱陰王《ようしゅいんおう》」と呼ばれていました。

これは、「表だっては朱子学を、その裏では陽明学を知り尽くした王」という意味です。当時の江戸幕府による官学は朱子学ですが、佐藤一斎は、朱子学より実用的な陽明学を門下生に教えていたため、この名が付けられたとか。実用性が大切にされるのは、いつの時代も変わりません。そして、『言志四録』には佐藤一斎の幅広い見識と実用的なアドバイスが詰まっているのです。

本書では、『言志四録』から、心に響く言葉を選び、これまでと同じように図にしました。図にすることで、なじみのなかった内容もスッと心に入りやすくなります。どの言葉も難しいものはなく、非常にわかりやすいので、ぜひみなさんも気になった言葉を書き留め、心の支えとしてください。

図解　言志四録　もくじ

第二章　考えて動けるチームを作る
——リーダー力

第三章　学びを無駄にしない——学習力

※本書で引用した『言志四録』の書き下し文は、川上正光全訳注『言志四録（一）言志録』『言志四録（二）言志後録』『言志四録（三）言志晩録』『言志四録（四）言志耋録』（講談社学術文庫）を参考にしました。深く感謝申し上げます。なお、一部文字づかいや語句については、変更した箇所があります。

編集協力――菅　聖子

第一章　結果を出すには働き方を変える――仕事力

結果は準備がすべて

事を慮《おもんぱか》るは周詳《しゅうしょう》ならんことを欲し、事を処するは易簡《いかん》ならんことを欲す。（言志録26）

――物事を考えるときは、周到であり、綿密であることが大切だ。また、よく考えた上で行うときには、手早く片づけることが大切だ。

準備とは言い訳を排除すること

「準備をするときにはペシミスト（悲観論者）であれ。実行するときにはオプティミスト（楽観論者）であれ」というのは、作家のロマン・ロランが思想家のアントニオ・グラムシに贈った言葉として知られています。また、稲盛和夫さんは「悲観的に準備をし、楽観的に実行する」と語っています。

何かをやるときには、準備は周到にせよということ。何事においても、準備をしすぎるということはないのでしょう。

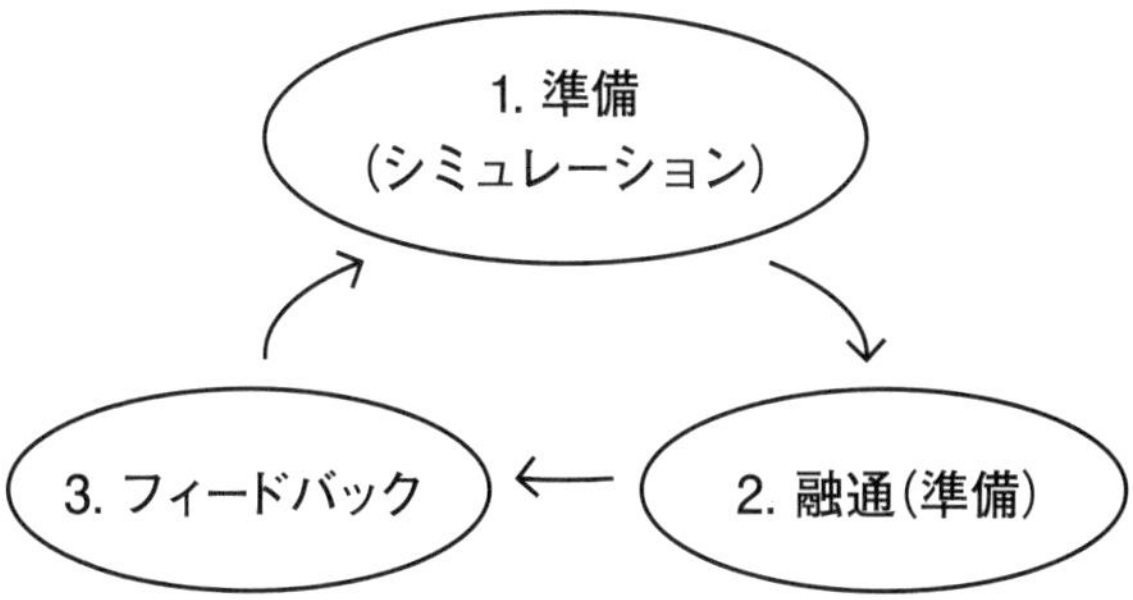

きっちり準備するとスピードが上がる

弁護士の射手矢《いてや》好雄《よしお》さんは、ハーバードのロースクールで学んだとき〝prepare,prepare,prepare!〟（「準備、準備、準備だ！」）と教わったそうです。弁護士の仕事は何よりも準備が大事だと言っていて、言葉の繰り返しが面白いと思いました。

弁護士の仕事だけではなく、何をするにも準備は大切です。周到に準備をすれば、さまざまなケースを考えて対応するので、仕事に融通が利き、リラックスできるようになるからです。

そして「事を処するは易簡ならんことを欲す」。周到に準備をしたら、すっきりシンプルに行動して、さっさと片づける。これが熟慮断行ということでしょう。

デカルトも、『方法序説』（谷川多佳子訳、岩波文庫）で似たようなことを言っています。

「考えを徹底的に突き詰めて、突き詰めて、いろいろなケースを考える。これ以上考えられないところまで考えたら、あとはすっきりと迷わないでやる」

森の中で迷ってしまった人は、あっちに行ったりこっちに戻ったり、やたらと動き回ります。それでは森を出られません。そうではなく、いろいろ考えて〝こっちだ！〟と思ったら、そのまま真っ直ぐに突き進む。どちらの方向に行くにせよ、そのほうが早く森を抜け出すことができると、デカルトは言っているのです。

また、**「真に大志《だいし》有る者は、克《よ》く小物《しょうぶつ》を勤《つと》め、真に遠慮有る者は、細事《さいじ》を忽《ゆるがせ》にせず。**（言志録27）――真に大志ある者は、小さな事柄をも粗末にしないで勤め励み、真に遠大な考えを持っている者は、些細なことをもおろそかにしない」とも書かれています。

一つ一つ小さいことを積み重ねることで、大きな志を遂げる。そのためにも、準備は重要です。

スピード感が大事

私はよく「準備・融通・フィードバック」ということを学生に言います。しっかり準備をしたら、実行するときは融通を利かせて、終わったらフィードバックをする。

いちばんよくないのは、準備をせずに本番を迎えて、本番中にあれこれ考え込んでしまうケースです。何をするときにもやはり準備は大切で、前もってシミュレーションを二、三種類しておき、本番になったらスパッとやる。特に、今の時代はスピード感が求められており、準備している人ほどスピード感が上がるのです。

サッカーでも、昔のメキシコオリンピックで銅メダルを取ったときの映像を見ると、選手の動きは意外にゆっくりしています。

今のサッカーは、どんどんプレッシャーがかかって、ボールが来たら瞬時にパスを出さなければならない。そのためにはやはり頭の回転が大事で、パスコースを三つくらい用意して、シミュレーションして、その中でパッと出すそうです。

サッカーだけではなく、現代の仕事は早く返事をしなければならない状況が多くなっています。どんなことでもシミュレーションして準備をしておくと、早い判断ができるのではないかと思います。

試されるのは調べる力

博聞強記《はくぶんきょうき》は聡明の横《おう》なり。精義入神《せいぎにゅうしん》は聡明の竪《じゅ》なり。（言志録144）

——何でも広く聞いて覚えておくのは、聡明の横幅である。また、深く物事を考え抜くのは、聡明の奥行きである。

知識を広め、本質をつかむ

何でも広く聞いて覚えておく。博聞強記が判断の基本です。孔子は「思いて学ばざれば則ち殆《あや》うし」と言いましたが、学ばなければ危ないのは、誰もが納得するところでしょう。何か事を起こすときは、相場を知ること。世の中でそれがどのような価値であるのかをひと通り調べてみないと、大変なことになる場合があります。あるいは、マーケットを調査しておくことも大切です。

今の時代はインターネットがあるので、誰もが博聞強記になれる時代です。とはいえ、

打ち合わせでもスマホ検索

多くの人に足りないのは「即検索力」です。気になることは即、検索をする。パパッといくつかの検索ワードを集めて、何度でも調べる習慣を身につけることです。

最近は、仕事の話をしていても、みんながスマホやタブレットを手元に持っています。何かわからないことがあったときには、その場で調べて「こんな感じです」と、会話の途中で相手に見せる。そういう会話力が必要でしょう。

ところが、相手への気遣いなのか、礼儀を守っているつもりなのか、スマホを持っていても、その場で活用しない人が結構います。話している最中に「あれはどうだったかな？」と言う横で調べてくれる人がいると、会話の相手としてもとても楽です。

検索ワードでその場で調べる「即検索力」

が身についたら、次は二、三回内容をたどってジャンプして見ていきます。そうすると、検索ミスがなくなっていきます。

大切なのは、ネットの情報は一つを見て信じすぎないこと。

本には、著者の世界観があり、著者の精神性が入っているため、情報を取りまとめる精神の働きがあります。しかし、インターネットの世界は情報はあるけれど、その全部をつなぎ合わせていく精神の妙がないのです。

必要なのは、取りまとめる編集力です。

何を重んじて、何を軽く見ていくのか。この文の「精義入神」に当たる精密ないちばんのコアになる部分、大切な何かを研究して、本質をつかむ力が必要です。

知識はあるけれどアイデアが湧かない人は、この精義入神ができていません。肝心なところをガシッとつかむ力がないと、アイデアが湧きにくいのです。

本質のつかまえ方

肝心な物をつかむ練習は、つかむ力がある人の本を読むといいでしょう。または、つかむ力がある人のそばにいること。そうすると〝本質をつかむ力とは、こういうものか！〟と気づくことができます。

一流の人は、本質をつかむのが上手です。ニーチェの本などでもスパッと何かを言い切っていて、「本質をつかむ力」を感じます。佐藤一斎も、本質をつかんで短い言葉で言うのがうまい。だからこそ西郷隆盛も、これを座右の書にしたのです。

普段から〝この言葉は本質をつかんでいるな〟とか〝この商品は本質をとらえているな〟とか、〝本質をつかんだキャッチフレーズだな〟と日々感動していると、自分でも本質をつかみやすくなっていきます。

また、利き腕で何かをグッとつかんでみるのもおすすめです。自分の握力をしっかり使ってつかみ、〝今のはつかんだな！〟と思えるまでやってみる。頭で考えるのもいいのですが、身体感覚で理解すると効果的です。何かアイデアが湧いたときに、同じようにグッと握りしめると、本質をつかむ感覚が定着しやすくなります。

自分の力量を見極める「見積もり力」

人の事を做《な》すには、須《すべか》らく其の事に就いて自ら我が量と才と力との及ぶ可《べ》きかを揆《はか》り、又《また》事の緩急と齢《よわい》の老壮《ろうそう》とを把《と》って相比照《あいひしょう》して、而《しか》る後《のち》做起《さき》すべし。（言志晩録158）

――仕事をする際は、必ず自分の度量・才能・力量でその仕事を成し得るかどうかを考える。また、仕事の急ぐ度合いと自分の体力を考えて、始めるべきである。

自分を過信しない

仕事をするときは、まず計画を立てます。目標を立て、目安を考えます。そのときに自分の「度量」「才能」「力量」と仕事との力関係を計ることが大切です。

自分の力にあまってしまうようなことを引き受けた場合、やる気があっても、結局全然できなくて迷惑をかけることになるかもしれない。そうなると、元も子もありません。

「見積もり力」を鍛えよう

そうならないために、この三つを常に意識する。そして、このくらいの仕事ならできそうだという見積もりを考えておくのです。

次に大事なのは、急ぐのかそうでないのか。そして、自分の年齢を考えること。そういうことを考えないで着手すると、狼狽を免れないと書かれています。

たとえば二十代であれば、徹夜してでもできたことが、四十代になってくるとだんだん徹夜はできなくなり、無理をするとそのあとの時間までマイナスになる。むしろ、淡々と一定量をこなしたほうがうまくいくこともあるわけです。

五十代、六十代になってくると、二十代と同じような無茶はできません。誰しも年齢は確実に重ねていくので、無理して睡眠不足になってまでやる仕事かどうかを考える。無理はしないのも、一つのやり方です。

二十代なら、ある程度無理をしてもできるという考え方もありますが、最近は若い人が無理をしすぎて自分の力量以上の仕事を引き受け、押しつぶされてしまうことも見受けられます。これは過労死にもつながってしまうので、注意しなければなりません。

見積もりのうまさは、大事なポイント

自分のできる量を考え、〝精神的に追い詰められている〟と感じたときには、上司に相談をすること。上司に相談してても聞いてもらえなければ、上司の上司に相談をする。「このままだと、つぶれそうなんです」と素直に言うほうが、これからの時代は会社にとってもいいのです。

我慢に我慢を重ねてつぶれてしまい、本当に過労で倒れたり、過労死ということになったりすると、会社自体が問われる大事件となってしまいます。

過労死の相当数は自殺です。その場合は、ある日突然パタッと倒れて死んでしまうのではなく、それ以前に精神が追い込まれていく過程があります。そばで見ていると〝避けられるのではないか〟と思うかもしれませんが、渦中にいると責任を自分でとろうとしてがんじがらめになることもあります。

そうならないために、仕事をするときには自分の度量や才能、力量を考え合わせ、年齢

を考え、どれくらいのスピードで仕上げる必要があるかを考えることです。

たとえば、家を一軒建てるとき。建築現場の期日の見積もりは、間に合わなければ大変なことになります。早くなる分にはいいのですが、遅れてしまうと追い込まれます。あまり長く見積もりすぎても、今度は力が入らなくなってしまいます。

「見積もり力」は、自分の力量と状況を照らし合わせて的確な線を引く力。見積もりのうまさは、仕事の大事なポイントです。

待ち合わせに間に合うかどうかも、同じことです。たとえば相手の会社に行くとき、「五分後には行けると思います」と言って十分遅れるよりは、「十五分後には行けると思います」と言っておいて、五分早く着くほうがいい。そのあたりを見極めることも、仕事のコツでしょう。

目標は高く、成功ラインは低め設定

必ずしも福を干《もと》めず。禍《か》無《な》きを以《もっ》て福と為《な》す。（言志耋録154）

――わざわざ幸せを求める必要はない。災いさえなければ幸せだ。

大きな禍がなければ、それは十分幸せ

人間というのは、とかく福を求めたがります。たとえば〝幸福でありたい〟とか〝栄誉を手に入れたい〟とか〝長生きしたい〟とか〝富がほしい〟とか。この四つがプラスの目標だとします。すると〝今の自分は、幸福にはまだこれが足りない〟〝成功にはこれが足りない〟と減点することになってしまいます。

ここに書かれているのは、プラスを目指すより「禍がなければ、それで幸福である」という考え方です。自分が幸福かよくわからないという人がいるかもしれませんが「大きな禍がなければ、それはもう幸福だ」ということです。

このあとに「**辱《じょく》無きを以て栄と為す**――恥をかかなければ、それが栄誉だ」と続きます

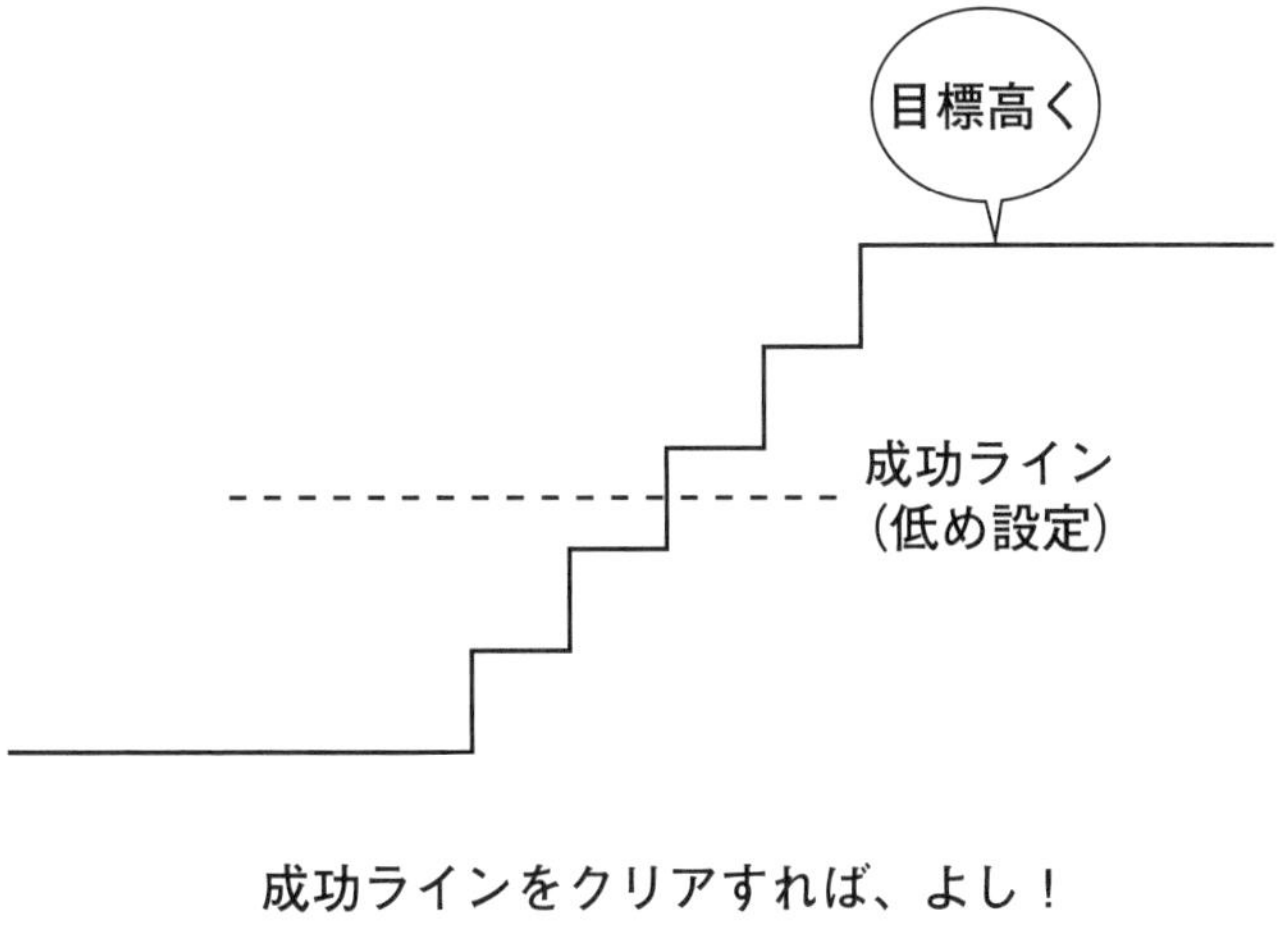

が、今まで大きな恥をかいたことのない人というのは、結構いるでしょう。そういう人は、すでに栄誉だと考えればいいのです。

若いうちに死ななければそれは長生きと言えるし、飢えなければそれは富だと言えます。いろいろな成功のラインを低めにしておき、それをクリアしていればよいと考える。

こういう考え方は、案外現代的なものではないかと思います。現代の生活は、ひと通りのものは揃っています。その上で年収が八百万円以上ならよりいいと思いますが、それを言っていると、必ずしも思い通りにはならないので、「生活に不自由しなければよしとする」をベースにすると、落ち着きます。

成長神話に惑わされるな

水野和夫さんの『資本主義の終焉と歴史の

危機』（集英社新書）には、「資本主義は、いろいろな辺境の物や労働力をかき集めることによって豊かになってきた。しかし地球上にはもう辺境がなくなって、限界に達している。そうなると、資産などはもう増え続けることはない」といったことが書かれています。

豊かになっていく人は一パーセントくらい。残りの九十九パーセントには回ってきません。世界のお金持ちトップ十の資産が、世界の人口の下半分（約三十六億人）の資産と同じというニュースもありました。

日本でも、富裕層上位四十人の資産が日本の人口の半分（約六千万人）の資産と同じ、という指摘があります。そろそろ、資本主義というものが終わりに来ていると言う人もいるくらいです。

もちろん格差は是正したほうがよいのですが、その一方、成長神話だけを信じるのではなく、「最低限このくらいでＯＫ」と気持ちを楽に持つことが、現代を生きる一つのコツではないかと思います。

「すごい成功はしていないけれど、すごい失敗もしていないから、それでよし」「三十歳になった。吉田松陰よりも長く生きたからＯＫ」。このような考えを持つと、自分に対して否定的になることも少なくなり、幸福を手に入れられます。

人の欲は、とめどなくなっていきます。お金だって、どのくらいあると幸せかわからなくなると、あってもあっても不安になる。足りないと思うのではなく、最低ラインさえクリアしていれば、とりあえずよしとして、心を落ち着かせましょう。

これは、低成長時代の日本においては、とても大切だと思います。高度経済成長のときには、誰もこんなふうには思いませんでした。かつては年間の成長率がＧＤＰで十パーセントという年もありました。当時は、昨日よりも今日、今日より明日がよくなると信じ、未来は飛躍的によくなるとみんな思っていたのです。

一九六〇年代は、一年一年生活がよくなっていくことが当たり前でした。しかし、そういうことは国家にとって一度あるかないかです。その後は必ず成熟社会となっていきます。

成熟社会を生きる心構えとして、「禍無きを以て福と為す」は、非常によい言葉だと思います。マイナス思考のようでいて、意外とプラス思考です。

過小評価は身を滅ぼす

口を以《もっ》て己れの行《おこない》を誹《そし》ること勿《なか》れ。（言志晩録170）
――自分の口で自分の行いを悪く言うものではない。

自己肯定力を持つ

謙虚の度が過ぎるのは、日本人の弱点かもしれません。

たとえば「自分は才能がないので、全然ダメです」と言う人がいる。こういう言葉は、謙虚を通り越しているため、聞くほうもつらくなります。

私が教えている学生の中にも「全然できないんです」と言う人がいます。でも、やらせてみると結構できたりします。本当はできるのにできないと言うのは、自分自身をいろいろなところで過小評価しているから。それによって、他人による自分の評価を下げているとしたら、もったいないことです。

自分への過小評価は、「ビビる」ことから来ています。自分の実力がさらけ出されたと

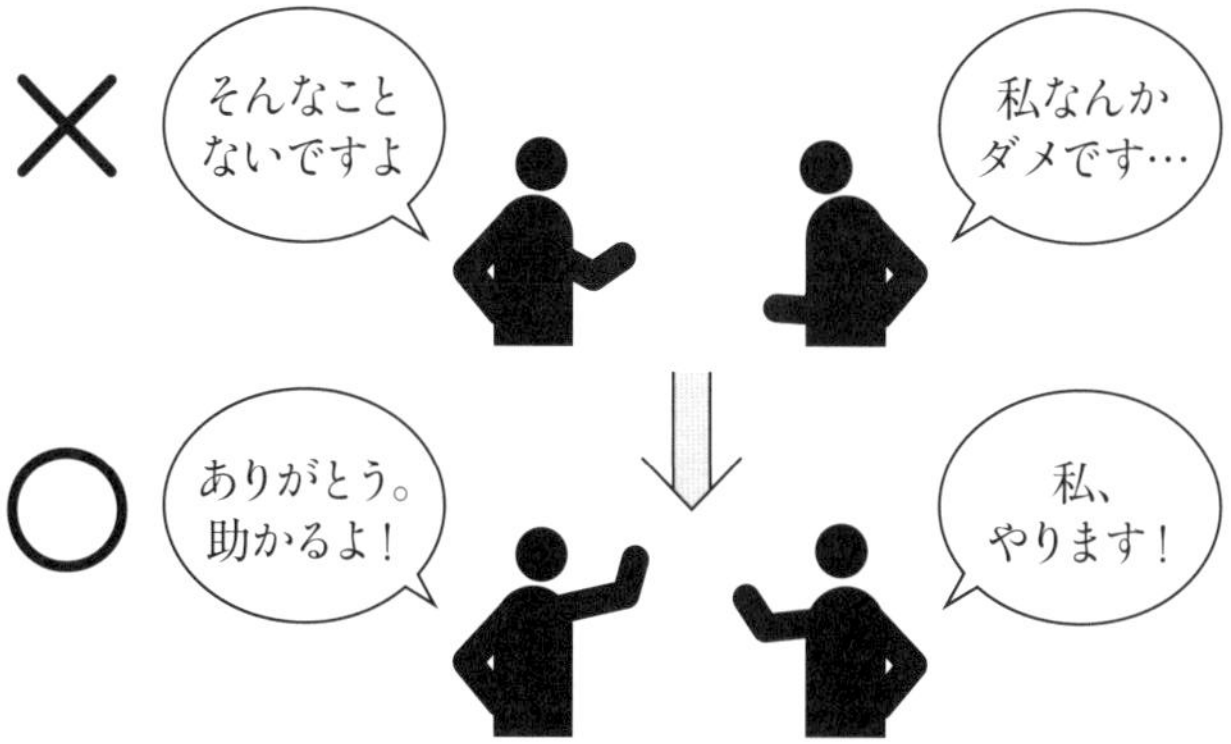

手を挙げれば、仕事は早く進む

き、〝なんだ、この程度か〟と思われるのが嫌だから、下に下にと申告する。自己申告を低めにしておけば、それよりは評価がマシだろうと、臆病な計算が働くのです。

しかし、自己肯定力が低い人は、周囲を不安にさせていることを自覚してください。自己肯定力が低い人を励ますのは、結構面倒くさいものです。ある程度の自己肯定力は持っておく必要があります。

日本の若者は、問題を出して「これ、できる人？」と聞いても、なかなか前に出てきません。しかし実際に解かせてみると、できる人ばかり。誰も手を挙げないから全員できないのかと思ったら、ほぼ全員ができるのです。

これが、臆病さです。「私、できます」と手を挙げてくれたほうが、よほど勉強も仕事も早く進みます。

前置きは不要

たとえば、自分の話をするとき「私、口下手なので、何も言えないんですが」などと前置きをされると、聞く人は本当につまらない気持ちになります。前置きをする心の弱さを、自ら断ち切らないといけません。逆に「これから面白い話をします！」と、自分でハードルを上げるくらいになったほうがいいのです。

日本人の美学として「つまらないものですが」とか「粗品ですが」と言う癖がついているのかもしれません。しかし、「つまらないものですが」と言って差し出すときは、たいてい心がフラットで落ち着いた状態です。

一方、「己れの行を誇る」というのは、自分の心の弱さを人に何とかしてほしいという状態。少なからず相手への甘えがあるように思います。「私なんか、ダメだから」と言えば、周囲の人が大目に見てくれたり、誰かが助けてくれたりするのでしょうか。

弱音を吐いて予防線を張ることや、あらかじめ言い訳をするのは、非常に子どもっぽい行動だと思ったほうがいい。社会人としては、やらないほうがいいと私は思います。

未来を変えられるのは「今」だけ

心は現在なるを要す。（言志晩録175）

――私たちは、いつも心を「今」に集中しなければならない。

「今」に集中する

心は一刻一刻移り変わるものなので、今に集中してとどめおくことが大切だと書かれています。

過ぎ去った過去を追いかけたり、来ない将来を迎えに行ったりするのは、「心を失っている」ということ。今のひとときを大切にできていません。

ひとときとは、この一瞬のこと。「今、この一瞬を生きる」というのが禅の境地です。流行のマインドフルネスの本質も、この「今」への専心です。

多くの人の心配事は、「将来に対する不安」か「今まで起きたことへの後悔」です。この二つがせめぎ合って、現在の時間がむしばまれていきます。心配事の多い人は、不安や後悔が常に心に押し寄せてネガティブになり、「ふーっ」とため息をついている。

そのとき、心は今にいません。今にいないのは、もったいない。常に、心を今に置くことを心がけましょう。

「引きずる」という言葉があります。私はよくテレビでスポーツ観戦をするのですが、失敗を引きずっている選手は、次のポイントに集中できず、またポイントを失ってしまうことになります。そうやって引きずる選手は、上には行けません。

ミスはミスとしてすぐに忘れて、次のポイントにさっさと向かう。すぐさま切り替えて、今に集中することです。

また、強い人を相手に、自分がマッチポイントを握り、次のポイントを取れば勝てるという場面で、多くの選手がとんでもないミスをします。

これはメンタルの問題で、勝手に自滅するのです。なぜかというと、「このポイントを取ったら、自分が相手に勝ってしまう」ことに期待と恐れを抱くから。先のことを考えすぎているのですね。

今に集中できていないため、それまでのような落ち着いたプレーができず、勝手に自滅して敗れ去ることがよくあるのです。

テニスのような競技では、このようにランキング上位の人がマッチポイントを握られるケースがときどきあります。しかし、上の人はたいてい負けません。そういうポイントこ

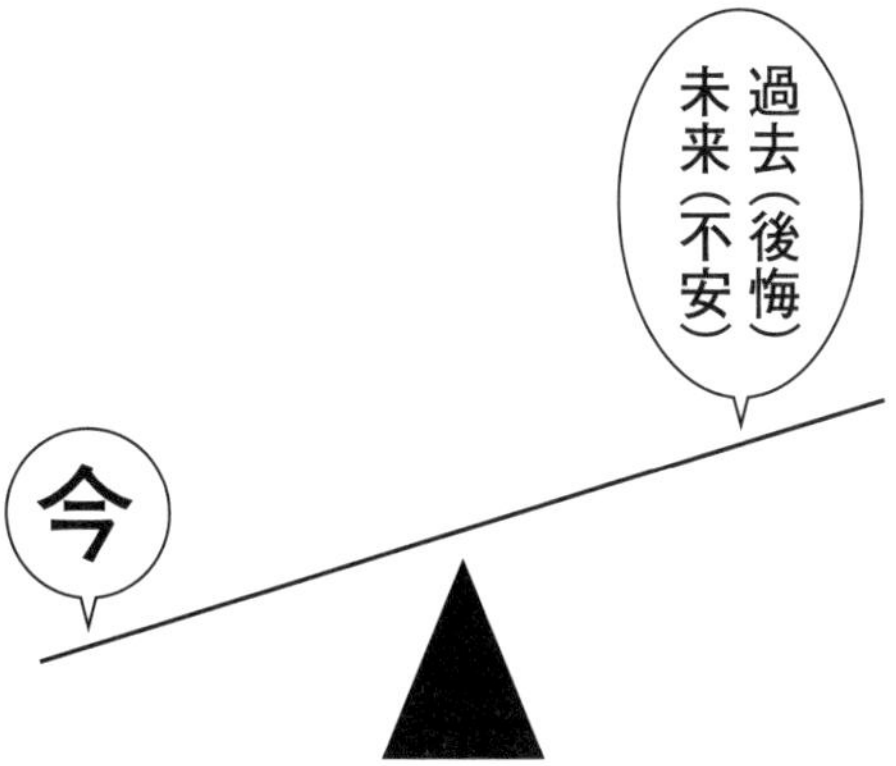

今、この一瞬を生きる

そ、実力の差が出ます。

「先のことを考えすぎてダメになるケース」や「過去のことを考えすぎてダメになるケース」。この二つを排除すると、「今」という時間が非常に充実してきます。これが禅の考え方であり、一斎の考え方です。

全体を見るのではなく、一歩一歩進め

仕事においても同じことが言えます。計画を立てても、先行きが不安で今やることに手がつかなくなることがあります。

そういう場合は、仕事を細かく分けてみましょう。先々までの大量の仕事を漠然と考えると圧迫感があるので、小分けにして一つずつつぶしていく。仕事を小分けにすると、気楽になってサクサクと進みやすくなります。つまりこれが、「今に集中する」ことです。

たとえば私の場合、本一冊は大変な文章量ですが、まずは章ごとに考えていく。一つの章に集中し、章の中でまたいくつかに分けて考えていく。「今日はここだけをやればいい」というふうに、そこだけ、そこだけと、進んでいく。そうすると、結局は大量のものでもこなしやすくなります。

全体をいきなり見てしまうと、不安に押しつぶされてしまいます。千里の道も一歩から。今一歩、今一歩と、進んでいくのです。

イチロー選手も、「小さなことを積み重ねるのが、とんでもないところへ行くただ一つの道」だと言っています。最初から何千本を打とうとしたわけではない。とにかく一つずつ努力を積み重ねてきたことが、とんでもない高みへ行く道だったということでしょう。

捨てる勇気

> **鋭進《えいしん》の工夫は固《もと》より易《やす》からず。退歩《たいほ》の工夫は尤《もっと》も難《かた》し。**
> （言志晩録２３６）
>
> ――まっしぐらに進んで事を成すのは、易しいことではない。しかし、それよりも難しいのは、適当な機会を見計らって退く工夫である。

制度を見直してみる

前に進むときというのは勢いがあるので方向を決めやすいのですが、やめるときというのは見定めが難しいものです。

「損切り」という言葉があります。私の友人にファンドマネージャーとして会社を経営している人がいるのですが、「どのくらいの額を動かしているの？」と聞いたら「三千億円くらいかな」と言いました。

とんでもない数字を平然と言ってのける様子に驚きましたが、そういう仕事をしている人は、〝下がってきたな〟と思ったときに損切りをします。損をするとわかっていても、これ以上の損を防ぐために売るのです。買ったときより安い株価で売らなくてはならないので損はしますが、それ以上の損は出ません。

このように、やめる勇気がないと、最後は紙くず同然になるところまで行ってしまうことになります。

今の社会はスピードがとても速いので、一つの企業の栄枯盛衰も非常にテンポが速くなっています。損切り感覚は、ファンドマネージャーだけではなく、すべての人に必要なものかもしれません。

たとえばオフィスで新しいシステムを導入したけれど、効果が上がらない。「もうやめよう」と言う人がいればいいのですが、せっかく投資したのでやめずに使い続け、その分労力のマイナスが積み重なっていくこともあります。

私は、自分が役職に就いたときは、制度の見直しをするのが好きです。さまざまな制度に対して「これは、いらないのでは?」と、検討し直してみる。いろいろな意見が出てきますが、「とりあえず、一年やめてみよう」と言って試してみると、「なくてもできるね」とか「ないほうがよかったね」となり、次の年からは完全になくなります。

このやり方で、さまざまな無駄を排除してきたので、事務の人たちからは非常に喜ばれています。事務の人たちは、制度をやめる決断をするのは難しいポジションですが、教員

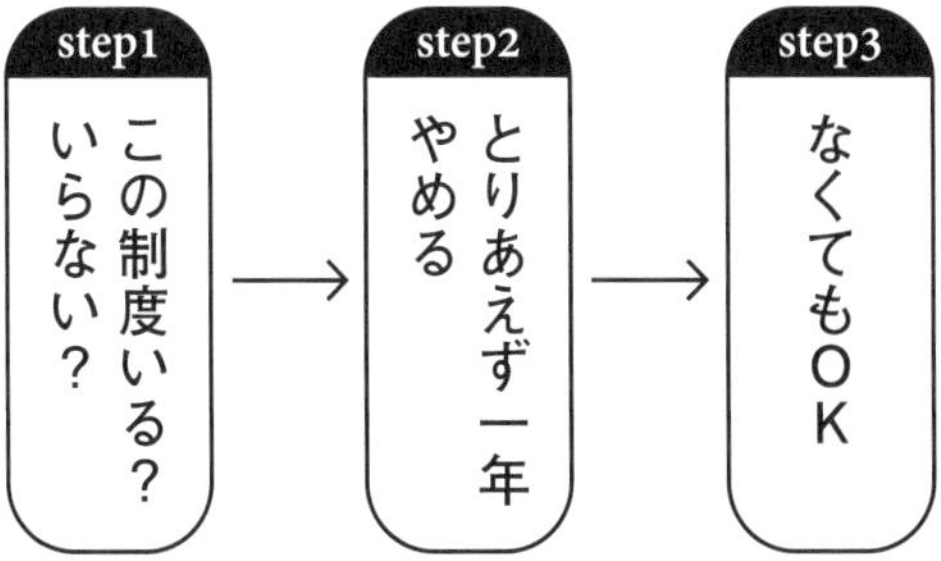

やめる勇気は合理化につながる

の側から「やめる」と言うことで、膨大な事務作業が一気になくなり、楽になるからです。

働き方改革

制度の見直しは、仕事の効率を上げる上でも非常に大事です。とりあえず一回やめてみて、やっぱり不都合だと思うなら戻せばいい。なくてもスムーズに進むなら、それでみんなが楽になります。

何もしなくても、用事はどんどん増えていくものです。必要のなくなった制度は、ゴミみたいなもの。減らしていかないと、新しいものも入ってきません。システムによってむしろ効率が悪くなっているとしたら、システムそのものを見直す必要があります。会社や組織でも、〝これは省いていいのでは？〟と思うことは、どんどん省けばいいと思います。

反対に、制度ばかりが積み重なっているのが、いわゆる「お役所仕事」です。念のため、念のため、念のため、と言っているうちに、どんどん無駄なことが増えていき、仕事のスピード感がなくなってしまう。誰も責任を取らない体制ができてしまって、現代のスピーディーな需要に応えにくくなっています。こういう場合もやはり、とりあえずストップしてみるのが、上に立つ人の責任でしょう。

私は高校時代に部活に入ったときから「試合に勝つために、これが必要なのでしょうか？」と先輩に聞いて、納得いく答えがもらえなかったときには「悪いけれど、僕だけ違う練習をさせてもらいます」と言っていました。

システムの無駄を省くことは、働き方改革の基本です。本当に必要なものだけに絞る。「形骸化」したものは、やめる。形骸とは、魂の抜けた肉体のことです。魂の抜けたことは、やめましょう。

やめる勇気、退歩する勇気は、合理化につながります。何かをするとき、ＡＢＣＤの手続きがあるとしたら、「ＢとＣは省けそうだ」「ＡとＤでいこう」と工夫してみる。それを積み重ねていくことが、働き方改革にもつながります。

「知る」と「行う」のあいだ

無能の知は、是れ冥想《めいそう》にして、無知の能は是れ妄動《もうどう》なり。（言志耋録11）

――ただ知っているだけで実行しないのは、妄想にすぎない。考えずに行うのは、思慮なき行いだ。

考えるだけ、言うだけは、何もしていないことと同じ

「知ること」と「実行すること」の二つについて考えてみましょう。知っているだけではダメだし、知らないでただ猪突猛進に実行するだけでも、足りません。

行動しながら考える人、行動したのちに考える人、あるいは行動前に考える人もいるでしょう。また、考えた上で結局行動しない人もいる。

行動をしないで考えるだけでは、「冥想」だと書かれています。今の言葉で言えば、「妄想」のほうが近いかもしれません。あるいは「空想」と言ってもいいでしょう。

考えるだけ、言うだけなら簡単です。テレビのスポーツ解説者は実にいろいろなことを言います。もっともなことを言うのですが、その人が監督になると、一年でクビになるケースもある。実際の行動は、考えるだけ、言うだけと違って難しいものです。

政治家の仕事は実行すること

政治にも似たようなことが言えます。政治家は実行することが仕事で、実行するためには多くのことを知らなければなりません。しかし、識者から話を聞くことで、政治家はあっさり騙されてしまうこともあります。

戦前には東大の七博士と言われた頭のよい人たちが、「もっと強硬にやらなければダメだ」と政府に言って、戦争を激化させてしまったことがありました。

つまり、物事をよく知っていると思われる学者でも、判断においては間違うことがある。だから、知っていることと、実際に正しい判断をもって行動することは、また違うのです。

たとえば、日米安全保障条約（以下、日米安保）は一九六〇年に改定されました。当時は反対の人々が国会議事堂を取り巻いて、「もうアメリカに従属するな！」と大変な反対運動が起きたのです。

それから五十七年くらい経ちましたが、日米安保が日本にとってよくなかったと思う人は、今では比較的少ないようです。日米安保がなければ、今の日本の平和と経済発展は難しかったかもしれません。

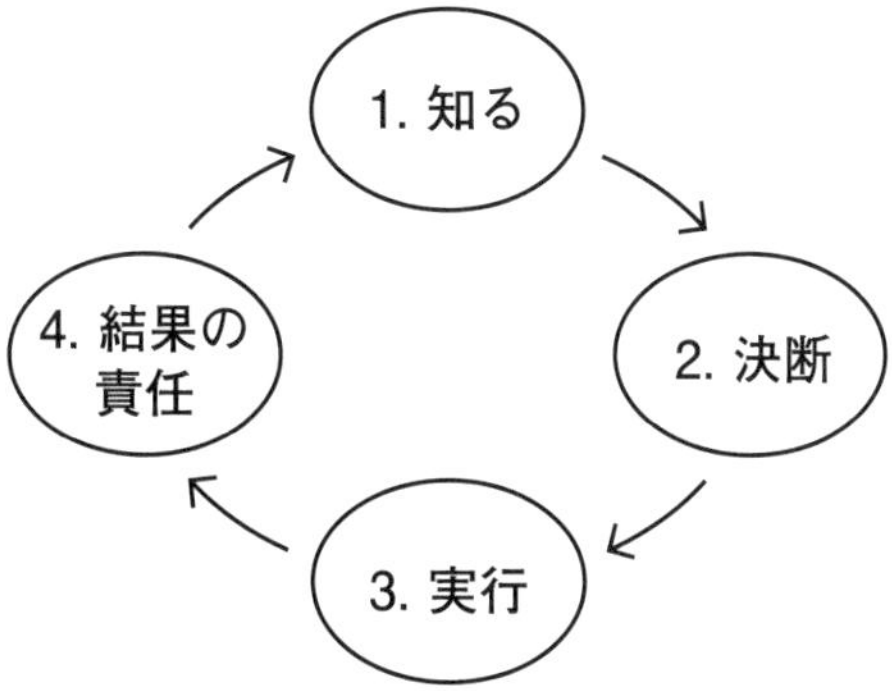

決断と結果を意識する

長い目で見ると、あのとき岸信介が、国会前の激しいデモにもかかわらず、日米安保の改定を成立させたことは、それなりによい判断だったと言えるでしょう。

政治家は知って実行していく人ですが、「知る」ことと「実行する」ことの間には「決断」があります。そして、決断の結果の責任も負わなければなりません。

あるとき、受験戦争を解消しようとしてゆとり教育が導入されましたが、のちに文部科学省は「完全に間違っていた」と訂正しています。決断の結果が間違っていたケースもある。しかし政治の場合は、決断が引き起こした結果に、責任を負うシステムを取らなければならないと思います。

ゆとり教育というのは、あれほど失敗だと言われているにもかかわらず、実は誰一人責任を取っていません。政治家は、大きな責任を取る場合には内閣総辞職をすることもありますが、責任を取らないケースも多くあります。

学生や社会人の場合も、常に自分がどのような決断をして、それがどんな結果を生み出すかを意識していると、勉強の仕方や仕事の仕方が変わってきます。

すべからく快楽は必要

人は須《すべか》らく快楽なるを要すべし。快楽は心に在《あ》りて事に在らず。
（言志耋録75）

――人は誰でも心に楽しみを持たなければならない。楽しみは自分の心の持ち方にあって、自分の外にあるものではない。

どんな状況でも楽しもう

江戸時代の儒学者は、いつでも「学問に志せ」と言っているイメージですが、その佐藤一斎にして「快楽が大事」だと言っています。しかも「すべからく快楽が必要だ」と。ちょっとしたことでも快楽だと思えば、そうなっていく。気の持ちようだ、というわけです。

吉田松陰は黒船に乗り込み、捕まって護送された先で牢屋に入れられます。その牢屋での日記には「朝からお湯がもらえてうれしい」とか、内部でのさまざまなことを書き、

「ここはよいところだ」と記しました。牢屋でさえそう言えてしまうのだから、気の持ちようなのだと感じます。

野山獄《のやまごく》という獄に入れられたときには、松陰が先生になって他の囚人たちに物事を教えたり、囚人の中で得意なものがある人には、それをみんなで教わって、塾のようなことをやっていました。

そうなると、もはや牢屋ではなく松陰の塾になるわけです。さすが吉田松陰。どんなときも、そこを楽しむ場所に変えてしまう達人です。そう考えると、人の心の持ちようによって、快楽が生まれることがわかります。

江戸時代よりも現代のほうが、ずっと楽しみは多くなっています。それなのに何か鬱々とした気分が蔓延しているのは、よいことではありません。

快楽は常に心の中にある。自分の状況の悪さを嘆くよりも、楽しんでしまおうという気持ちが大切なのです。

いつもすっきりした心を

「私 結婚できないんじゃなくて、しないんです」というドラマがありましたが、原案になったのは、水野敬也さんの『スパルタ婚活塾』（文響社）という本でした。そこには、女性が男性に気に入られる心構えとして、絶対に必要なことが書いてあります。それは、

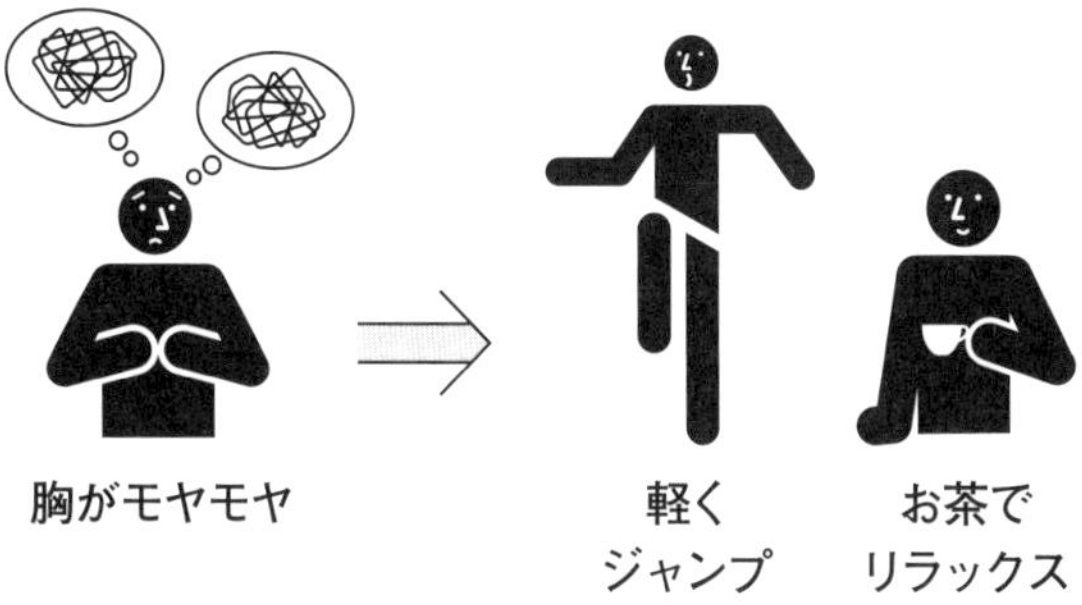

胸の中の空気を入れかえて、心をすっきり！

どんなひどいデートの状況になっても「逆に楽しい」と言うことです。

安い居酒屋に連れて行かれたときも「逆に楽しい」。変な映画に連れて行かれても「逆に楽しい」。普通の女性は男性と出会うと、「こんな店に連れて行かれちゃった」「こんなつまらない話題だった」と、満点からどんどん減点していきます。そういうことをしたら、結婚は遠のく、ということです。

原作本には「逆に楽しい」をキーワードにしなさいと書かれてあり、それがドラマにも使われていました。私は見ていて爆笑してしまったのですが、〝その通り！〟と思いました。キーワードは「逆に楽しい」です。

一方、「**胸次《きょうじ》清快《せいかい》なれば、則《すなわ》ち人事の百艱《ひゃくかん》も亦《また》阻《そ》せず。**（言志耋録76）——胸の中がすがすがしく心地よいならば、世間に起こるあらゆる困難も何ら行き詰まることなく処理していける」という言葉もあります。

トラブルがあっても逆に楽しい。トラブルが起きても「じゃあ今、考えるか」と対処していき、よくなっていったケースもあります。楽しく受け止めるには、胸の中をさっぱりさせておくことでしょう。

息を吸ってゆっくり吐いて、軽くジャンプなどをして、胸の中をすがすがしく保つ。ときにはおしゃれなカフェなどでお茶を飲み、心をすっきりさせておくのです。

タモリさんの「ブラタモリ」などを見ていると、坂道が楽しいとか地質が面白いとか、いつも楽しそうだなと思います。坂道が楽しいのなら何にでも楽しみはあるわけで、そういうものを見つけていけば、この世は楽しいことで満ちていきます。

正しい判断力

面《おもて》は冷《れい》ならんことを欲し、背は煖《だん》ならんことを欲し、胸は虚《きょ》ならんことを欲し、腹は実《じつ》ならんことを欲す。（言志録19）

――頭が冷静ならば、正しい判断ができる。背中が温かいならば、人を動かすことができる。自分の考えに固執しなければ、他人を受け入れることができる。腹が充実していれば、胆力が据わって物に動じない。

上半身はすっきり、下半身は充実

頭を涼しくすると、正しい判断ができるようになります。背中は温かいほうがよく、胸はすっきりしていて、腹は充実している。人としてのあり方が書かれています。

後半の部分は、上虚下実《じょうきょかじつ》ということです。へその上は虚、下は実。へその下は「臍下丹田」なので、ここに気を充実させていること。胸はリラックスして力むことなく、みぞおちにはあまり力を入れないようにします。

ちょうど帯をギュッとへその下で締めると、そこが充実して力がみなぎる感じになります。その上はリラックスしているのが、自然体です。

私は呼吸法を学んでいた大学時代、シュルツの「自律訓練法」を学びました。手が重くなるとか温かくなるとか、額が涼しくなるとイメージすると、自律神経が整うのです。興奮気味で交感神経が優位になっている人は、それを落ち着かせるために、フーッと息を吐く。額は涼しく、手足やおなかが温かく、重たくて沈んでいくようなイメージを持つ練習を、毎晩やり続けました。

自律訓練法というのは西洋の考え方ですが、東洋でも同じだと思います。東洋の呼吸法でも顔が真っ赤になったり、頭に血が上るというのはよくない状態です。理想は、頭は冷静で額は涼しくすっきりしていること。大きく言えば、上半身がすっきりしていて、下半身は充実している。この上虚下実は、江戸時代の白隠禅師にも通じます。

「**須**《すべか》**らく精神を収斂**《しゅうれん》**して、諸**《これ》**を背に棲**《す》**ましむべし。**（言志録20）――心を引き締めて、これを背中に住ませるようにして、判断に誤りを起こさないようにすべきである」ということも書かれています。

精神を収斂するとは、精神を集めること。心を引き締めたら、それを背中に住まわせろ、というのはすごい表現です。背骨に一本筋が通っている感じ。背中に気概を背負っている状態です。

正しい判断は整った身体感覚から

精神と身体が心を支える

福沢諭吉は『学問のすすめ』の中で「日本を自分一人で背負うような気概を持て」と書いています。昔はよく「国を背負う」という言い方をしましたが、背中を意識すると背筋が伸びてシャンとします。

　このように精神と身体感覚がセットになっているところが、日本文化の面白さでした。心だけで語らない、精神だけで語らない、身体だけで語らない、すべてをセットにしているのです。

　しかし戦後の日本は、精神性や身体性が欠けてしまい、心だけが大きくなってしまいました。もともとは身体と精神がセットになって、心を支えていた。それなのに、身体文化と精神文化が抜けてしまい、心を支えるものがなくなって、心がふわーっと漂っている状態になったのです。これが、現代人の生きづらさにつながっています。

「江戸時代から続く日本人の身体文化を、自分の体に感じますか？」と聞かれたら、おそらく戦前の人はみんな「はい」と言ったでしょう。ところが、現代人はそれが自分の中にありません。「江戸時代から続く精神性を自分の中に感じますか？」と聞かれても、ハッキリとわかりません。臍下丹田を知らない人が、多くなりました。

そうなると、すべてを心で解決しなければならなくなるので、不安定になるのです。現代に生きている私たちも、時々は背中とへその下を意識してみると、身体がシャンとして少し明るい気持ちになるかもしれません。胸も開くと、呼吸が楽になります。坂東玉三郎さんは「感情表現の基本は、胸を開くこと」と言っていました。意識して、やってみるといいと思います。

前向きな妥協力を身につけろ

心下痞塞《しんかひそく》すれば、百慮皆錯《ひゃくりょみなあやま》る。（言志録21）

――心の奥底が塞がっていると（何もよい考えが出てこなくて）、考えも計画もみな誤ったものになってしまう。

思い込みがクビをしめる

「考えが間違ってしまうのは、心が塞がっているからだ」というのは、面白い表現です。言われてみれば、確かにそうです。

たとえばミスを一つ起こすと、パニックになって心が塞がる人がいる。そうすると、やることなすこと判断を間違えて、ひどいことになってしまいます。

トラブルの中には、途中で気づいて止められることも多くあります。しかし、二番目の判断、三番目の判断まで間違ってしまうと、取り返しがつかないことになっていきます。

ですから、心が塞がるというのは非常に危険な状態です。〝この道しかない〟と思うときは、たいてい心が塞がっています。「こちらがダメだったら、もう百パーセントダメだ！」と、どんどん狭い考え方になっていくからです。

物事というのは、オールオアナッシングではありません。だいたいグレーゾーンに正解がある。「心が塞がる」と、冷静に考えられなくなります。それがよく表れていたのが戦時中の「一億玉砕」という考え方でした。戦争に勝てないのであれば玉砕するまでやる、というのは非常に無茶なもので、普通の感覚ではあり得ません。

そういう考え方は、まさに心が塞がった状態だと思います。私は明治維新から終戦までの歴史の本をたくさん読んできましたが、百くらいの慮が誤っている感じがします。「なぜ国際連盟を脱退したの？」「なぜ真珠湾を攻撃したの？」「ミッドウェー海戦で負けたときに、何とかできなかったの？」「そもそも、なぜアメリカと戦争をしたの？」など、考えれば考えるほど、嫌になるほどミスがある。そういうことが重なって、取り返しのつかない原爆投下にまで至ってしまったつらさがあります。

思い込みの激しさがこのような状況を生んでしまったのですが、そうならないためには実態に即して、最善のことは何か、その都度考えることだと思います。

「いつか神風が吹く」ことを信じているのは危険です。科学的に物事をとらえながら、今、最善なものは何かを考える。このとき、ベストではなくベターを狙います。ベストを狙うと、「ベストじゃなければ、意味がない！」ということになり、頭が固くなってしまうか

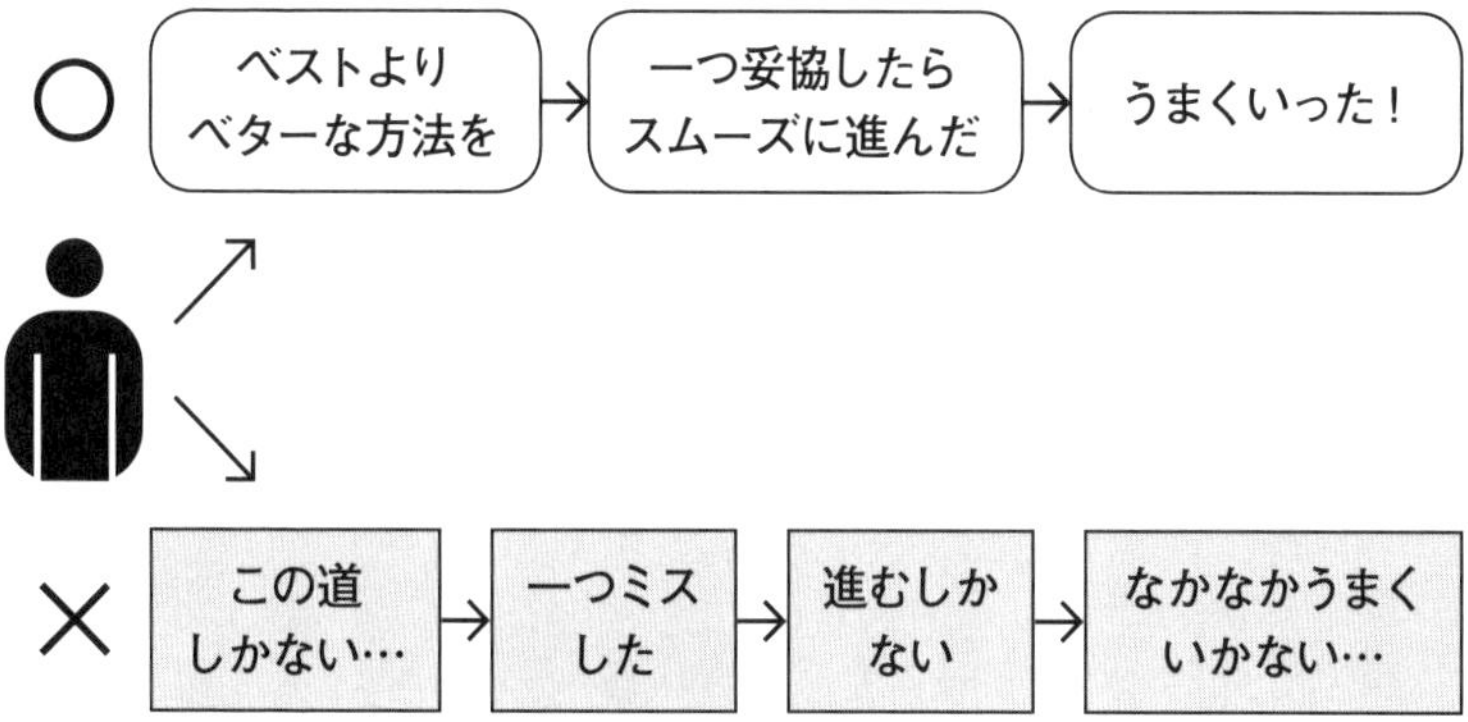
○
ベストより
ベターな方法を
一つ妥協したら
スムーズに進んだ
うまくいった！
×
この道
しかない…
一つミス
した
進むしか
ない
なかなかうまく
いかない…

積極的な妥協をすればミスが減る

らです。

妥協は悪いことではない

心が塞がっている人は、妥協ができません。結婚問題などでも「ここまで我慢してきたのだから、よほどいい人じゃないと結婚しないほうがマシ」と言う人がいます。しかし、年を重ねるほど、いい人が減ってくるのは当たり前です。

〝それだったら結婚しないほうがマシ〟と思う人は、妥協力がない。それは心が塞がっているということです。プライドが高くなり、自分の人生を重く見すぎて、〝ここまで努力したんだから……〟と判断を見誤るのです。

もちろん、結婚の判断は何が正解かわかりにくいですし、他人がとやかく言う筋合いのものでもありませんが、理想主義にはリスクが伴うのは確かでしょう。

心を軽く、風通しをよくして、リラックスして冷静に考えてみる。そうすると、〝今まで我慢したのだから、もっといい人じゃないと！〟という考え方には、無理があると気づくでしょう。

ここで必要なのは、いい意味での前向きな妥協力です。先日、映画『ラ・ラ・ランド』の主演俳優ライアン・ゴズリングが、新聞のインタビューで「妥協は悪いことだと思わない」と語っていました。妥協というのは人生において必要なことだ、と。

私もそれには共感しました。やはり、心が狭まると〝一か八か〟になってしまいます。力を抜いて、〝このあたりがちょうどいいな〟と思ったら、積極的な妥協点、落としどころを見つけていくと、判断ミスも減ってくると思います。

トラブルこそ早め早めの対応を

> **事《じ》物《ぶつ》に応酬するには、当《まさ》に先《ま》ず其の事の軽重《けいじゅう》を見て而《しか》る後《のち》に之を処すべし。**（言志晩録153）
>
> ――物事にあたるには、まず、軽重を考えてから始めるべきである。

いい加減にするな、手慣れた習慣をおろそかにするな

物事にあたるには、重要な案件か、緊急の案件か、それとも、もう少し軽いものかを判断しなさい、と書かれています。

経験が浅い人は、ちょっとしたことで大騒ぎをすることがあります。「どうってことないから、アタフタしなくていいんだよ」と言われたら、自分はまだ物事の軽重がわかっていないと思ったほうがいいでしょう。

逆に、非常に重大なことなのに上司に報告せず、あとで大きなトラブルに発展する場合もあります。「たいしたことないと思ったんです」と言っても「いや、これは最初から重大だったんだよ」というやり取りが起きる可能性もあります。

今の日本は、大企業でも「これをやってしまっては終わりだ」と言いたくなるような、粉飾決済が行われています。また、最初のトラブルを軽く見たことから、大きなトラブルに進展してしまうこともある。エアバッグのTAKATAなどが、その例です。

問題についてある程度の認識があったはずなのに、しっかりと手を打たなかった。それによって経営破綻になってしまうこともあるのです。

「事物に（略）」のあとには**「仮心《けしん》を以てすること勿《なか》れ。習心を以てすること勿れ。多端《たたん》を厭《いと》いて以て苟且《かりそめ》なること勿れ。穿鑿《せんさく》に過ぎて以て繳住《きょうじゅう》すること勿れ。」**と続きます。

「仮心を以てすること勿れ」というのは、いい加減な心でやるな。「習心を以てすること勿れ」というのは、手慣れた習慣をおろそかにしてはいけない、という意味です。

たとえば、タクシードライバーが慣れている道をいつものように運転していても、一万回に一回くらいは、子どもが突然飛び出してくることがある。自分が悪くなくてもそういうことは起こり得ます。慣れているからといって、おろそかにするのは危険です。

面倒なことから逃げるな

また「多端を厭いて以て苟且なること勿れ」は、多忙であることを面倒くさがって、いい加減にしてはいけない、ということ。「今、忙しいんだよ、適当に処理して」などと言

◎ 物事の軽重を考える
◎ いい加減な心でやらない
◎ 習慣をおろそかにしない
◎ 多忙を理由に適当にしない
◎ 細かいことにとらわれない

仕事を進める５原則

う人がいます。軽いことであればいいのですが、重大なことをぞんざいに扱ってしまうと、大変なことになります。

「穿鑿に過ぎて以て繳住すること勿れ」は、根掘り葉掘りやりすぎて、仕事が進まないのもよくない、ということ。

　仕事ができる人は、たいていこれらが全部できています。しかし、できない人はなかなかできません。仕事をする上では、もっともなことばかりが書かれているので、標語として覚えておくといいでしょう。

　黒柳徹子さんの「徹子の部屋」は、一九七六年から続いている長寿番組で、徹子さん自身が番組の進行にとても慣れています。ところが、慣れすぎたりいい加減にしたりするところがありません。

　私は二度出演させてもらったことがありま

すが、二度とも徹子さんは、自分の言うべきことや私の情報を、太くて赤いマジックで紙に書き、何枚も並べながら対談していました。しかもそれは、毎回自分の手で書いています。

台本通りではなく自分で調べ、〝これは言わなきゃ〟と思うところはすべてパッと読みやすいように書いてから臨む。面倒くさがらず、いい加減にせず、毎回その人に向き合っているのです。

出演後には、写真と黒柳さん直筆の御礼の言葉がセットになった色紙をいただきました。黒柳さんが愛され、支持されている理由が、よくわかりました。

噂話は人間を小さくする

吏人《りじん》相集《あいあつま》りて言談《げんだん》すれば、多くは是れ仕進《ししん》の栄辱《えいじょく》、貸利《かり》の損益なり。吾《わ》れ甚だ厭《いと》う。（言志晩録163）

――役人たちが集って話すことの多くは、昇進や左遷、または金銭上の損益のことである。私はそんな話は大嫌いだ。

噂好きは出世できない

どこの職場でもありがちなことだと思いますが、人が集まっては昇進や左遷や給料の話や、噂話をしています。ここには、「私はそれが大嫌いだ」と記されている。噂話に慣れると、自分でもしゃべってしまう、だから気をつけないと、というのは面白い話です。

私の友人で、大企業の社長になっている人がいますが、彼は学生時代から一切噂話をしたことがない人でした。会社でも、おそらくそういう無駄話や噂話に加わらなかったのでしょう。そうすると、中立的で公正なポジションになるので、自然に昇進し、ついには大企業の社長にまでなっているのです。

他にも、私は企業の社長と対談させていただくことが多いのですが、公明正大であることや、人を評価するときにフェアであることは、上に立つ人にとって非常に重要だと思われます。フェアに公正にやることを心がけていると、人は自然に上にいきます。人の噂話の多くは、妬みつらみから来るものだからです。

福沢諭吉は「いろいろな悪い徳があるが、人を羨むほど悪いことはない」と言っています。ニーチェも「人を羨んだり、引きずりおろしたいという恨みが、人間を小さくする」と語っています。

つまらない噂話は、人間が小さくなって、その小さい仲間の中にいるとまた自分も小さくなる。これには気をつけなければなりません。

雑談は会社以外の話で

週刊誌などはその最たるものですが、毎回後味はよくないのに、つい読んでしまいます。週刊誌の噂話に唯一よいところがあるとすれば、噂話の内容が、自分の身近なところではない、というくらいでしょう。

芸能界などは、噂話をされるために存在していると言ってもよい世界です。会社の人の噂話をするくらいなら、いっそのこと芸能ネタなどで盛り上がっているほうが平和なので

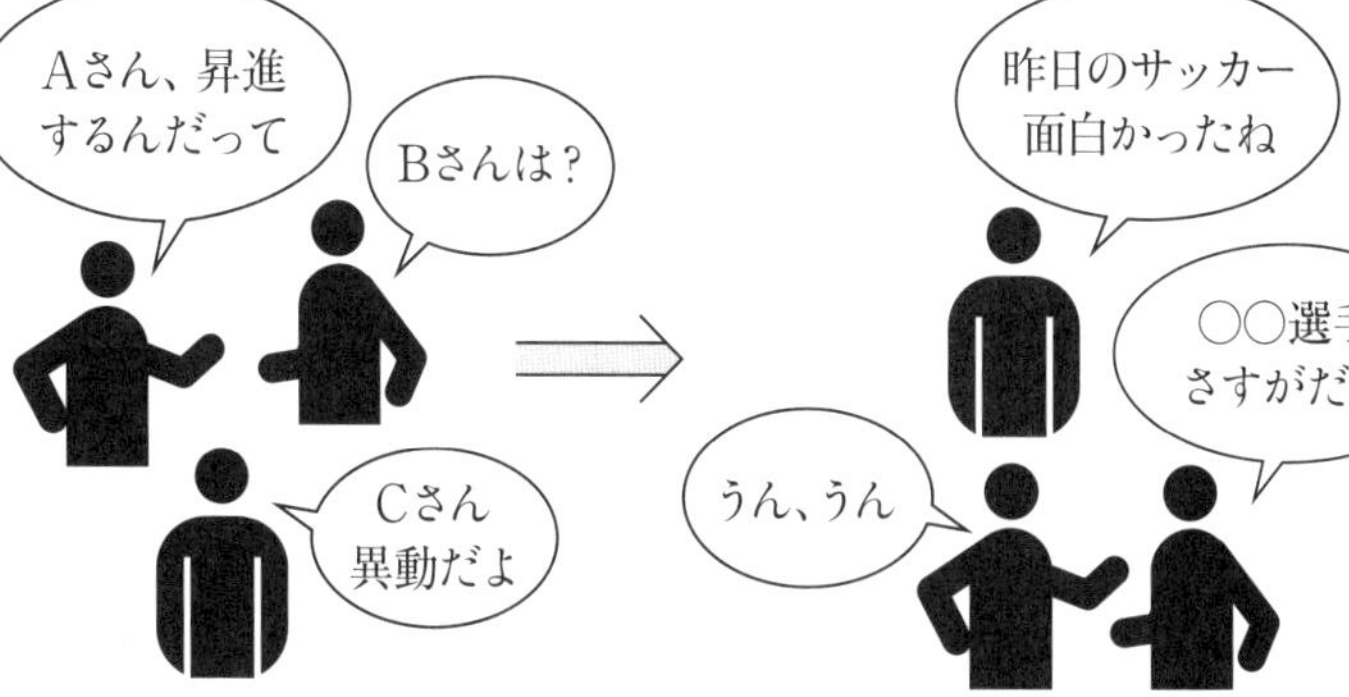

雑談はみんなが楽しめる話題で

はないかと思います。

雑談自体はよいことです。でも、雑談をしているうちに昇進やお金のことを言い合うのは、品もよくないし、妬みも入ってヒソヒソ話になる。誰かが来たら「ちょっとこの話はやめておこう」となります。そうすると、グループ化が起きたり、仲間はずれが起きたりして、見苦しいものになります。

自分たちのことや会社のことではない雑談――スポーツや芸能ネタ、政治経済、天気の話は便利です。このような雑談力があれば、下品な噂話をネタにしなくてもよくなるのではないでしょうか。

「朱に交わると赤くなる」という言葉は、悪いものといると悪いものの影響を受けやすいということ。そうならない人が、結果的に出世していきます。

第二章　考えて動けるチームを作る――リーダー力

情熱の矢となれ

我《わ》れ自《みずか》ら感じて、而《しか》る後《のち》に人之《こ》れに感ず。（言志耋録119）

——自分が感動するから、そのあと人にそれが伝わるのだ。

事を起こすエネルギー源

人を動かそうと思っているだけでは、人は動きません。自分がまず情熱の矢にならなければなりません。

ニーチェは『ツァラトゥストラ』（手塚富雄訳、中公文庫）の中で「君は超人を目指して飛ぶ一本の矢。情熱の矢であれ。そうすれば友達が影響を受ける。互いにそうして切磋琢磨するのがよい」と述べています。

たとえば、プロジェクトのリーダーは、そのプロジェクトを信じてやり抜く情熱を持っていないと、メンバーはついてきません。「事を起こすエネルギー源になれ」ということだと思います。

情熱が人の心を動かす

教育の基本は「憧れに、憧れる」こと。先生が憧れに向かって飛ぶ情熱の矢になっていると、生徒がその憧れに憧れてついてくるのです。

小学校や中学校では先生に〝これが好き〟というものがあると、生徒たちもそこに向かって飛んで行くことがあります。

私自身が思い出すのは、中学一年生のとき。フルートがすごく好きな怖い雰囲気の男の先生がいました。先生はなぜか「ギターかフルートを選びなさい」という選択を生徒みんなに迫り、そのときフルートを選ぶ生徒が結構いました。

小学校四年生のときには、書道が好きな先生が担任でした。先生の書が展覧会に出たので、クラスみんなで見に行ったところ、「僕たちもみんなでやろう」ということになり、毎日休み時間にみんなで書道をした記憶があります。やはり、先生自身の心が動いていると、生徒もその気になるのです。

もし、人に英語を教えるのなら、英語が面白いと思って教えないと伝わりません。歴史を教えるのなら、歴史が面白いと思って教えないと伝わりません。

人の心は磁石が鉄を引き寄せるようなものなので、まず自分が磁石にならなければならない。人に何かを伝えたり、影響を与えようと思うときは、まず、自分が磁石になっているかを自分自身に問うことです。

〝すごい！〟と思う心を人に伝えよう

私は、教室に入る前に必ず体を軽く揺らし、〝今から教えることはすごい！〟と思うようにしています。そうすると、「すごく大事なことを伝えるんだ！」という勢いが伝わります。自分がその気になっているので、相手もその気になるのです。

たとえば、三平方の定理は先生にとっては当たり前すぎるかもしれませんが、当たり前に教えると感動がありません。ですから「これはすごい！　すごすぎるぞ、三平方の定理！」とか、「三角形の内角の和が一八〇度っていうのはすごい！」と言って教えるのが大事です。

新鮮な心で〝すごい！〟と思う気持ちが続く人が、先生として一流になると思います。

心を新鮮に保つには、自ら感じることが大事です。人をどうこうしようという前に、〝自分が面白い〟〝これがすごい〟という気持ちをかきたて、生徒に接することでしょう。

情熱を語っていれば、自然に周りに人が集まってくる。これは、吉田松陰のやり方でした。松陰は、感化の先生と言ってもよいほど感化力がすごかったのです。

松下村塾は二年半くらいの活動でしたが、高杉晋作や久坂玄瑞、伊藤博文、山縣有朋など、明治維新の大人物を輩出しました。松陰があまりに熱い思いを抱いていたため周囲の人が感化され、人が集まってきて、そこでまた松陰が感化されるということが起こっていました。

松陰は、一つのことにのめり込んでいく情熱の人でした。それは「狂」という字に表現されましたが、狂うというより、志が一途だということでしょう。ニーチェが言ったように、松陰自身が一本の情熱の矢だったのです。

心をつかむ話し方

人の言は須《すべか》らく容《い》れて之《これ》を択《えら》ぶべし。拒《こば》む可《べ》からず。（言志録36）

――人の言うことは、一度、聞き入れてからよしあしを判断すべきである。はじめから拒否してはならない。

人の話すことは否定しない

人の話は、とりあえず聞き入れてみようと書かれています。

意見が違っても、最初から否定しない。「なるほど、なるほど」とにこやかに頷きながら聞き、「もっともですね」と言うのが第一段階。そのあと自分で考え、どうするかを選べばいいのです。

聞く耳を持たないのは、いけません。まず、心をオープンにして聞く耳を持つ練習をしましょう。相手の話に頷きながら、相槌を打ちながら、「ああそうですね」という感じで聞き入れます。

子どもの場合は「勉強しろと言うのを聞いているうちに、やる気がなくなった」というケースもあります。でも、大人がこれをやるのはあまりに子どもっぽいので、相手の話はきちんと聞くことです。

だからといって、聞いたすべてを取り入れる必要はありません。断るときは、いきなりその場で断らず「ちょっと持ち帰って考えさせていただきます」と言いましょう。

たとえば、どこの大学に進学するか、どこの企業に就職するか、人生には何度か岐路に立たされるときがあります。〝Aさんの意見を聞いてこう思ったけれど、Bさんにも聞いてみよう。Cさんの話も聞くといいかもしれない〟と、自分から話を聞いてみることが大切です。

社会人経験の長い人に聞くと「その会社よりも、こっちのほうがいいよ」と言ってくれるかもしれません。その人の意見が全部正しいわけではありませんが、成功している人の話には何かしらヒントがあり、勉強になることがあります。なるべく経験値の高い人の話を聞くといいでしょう。

意見を引き出すためには、「聞く」を徹底

自分自身がオープンにならないと、人の話を聞くことはできません。案外、若い人は人に相談しないで決めてしまう人が多いのですが、それでは自分の思考の幅が広がっていき

1.「何かやりにくいことはない？」と聞く

↓

2. 苦情やリクエストを受け入れる

↓

3. 解決策を伝えて話し合う

チームメンバーが働きやすい環境作りを

ません。いろいろな人に相談を持ちかけ、三人、四人、五人と意見を聞いていくと、〝やっぱりそうなのか〟と自分の考えが整理され、納得できる着地点が見えてきます。

「能《よ》く人を容《い》るる者にして、而《しか》る後以《のちもっ》て人を責むべし。（言志録37）——人を受け入れる大らかな心があってはじめて、人の欠点を責める資格がある」とも書かれています。

　自分にどれだけ人を受け入れる容量があるのかも、聞く力によって試されます。これからの時代、聞く耳を持たない人が、よい上司になることは難しいでしょう。

　以前はリーダーシップというと、行動力や決断力が重んじられていましたが、これからはチームワークが重んじられていきます。リーダーの仕事のポイントは、どれだけチームのメンバーがいきいきと動けるかです。

チームのメンバーがストレスを抱えていると、仕事にブレーキがかかるので、常に注意しながら部下の聞き取り調査をする必要があります。

「何かやりにくいことはない？」「ストレスはない？」としょっちゅう聞いていると、「実は、これが引っかかっています」という意見が必ず出てきます。

その障害を取り除くのが、上に立つ人の役目。周囲の人の率直な意見を引き出すためにも、聞く耳を持つことはとても大切です。

上司は気遣いせよ。部下はズルをするな

長官たる者は、「小心翼翼《しょうしんよくよく》」を忘るること勿《なか》れ。
吏胥《りしょ》たる者は、「天網恢恢《てんもうかいかい》」を忽《ゆるがせ》にすること勿れ。（言志晩録160）

――長官たる人は「心遣い」を忘れてはならない。下級の役人は「悪事はいずれ報いを受ける」ということを、おろそかにしてはならない。

インターネット（天の網）は悪事を逃さない

上に立つ人ほど、下にいる人への気遣いを忘れてはなりません。「小心翼翼」とは心を細やかに対応すること。それによって、部下は働きやすくなります。上司というのは、気遣いが何より大切です。

最近「コーチング」の技術が大事だと言われるようになりましたが、これは上司に必要な技術です。部下に質問をしたり対話をしたりする中で、相手が自分自身で気づくように持っていくのがコーチングです。

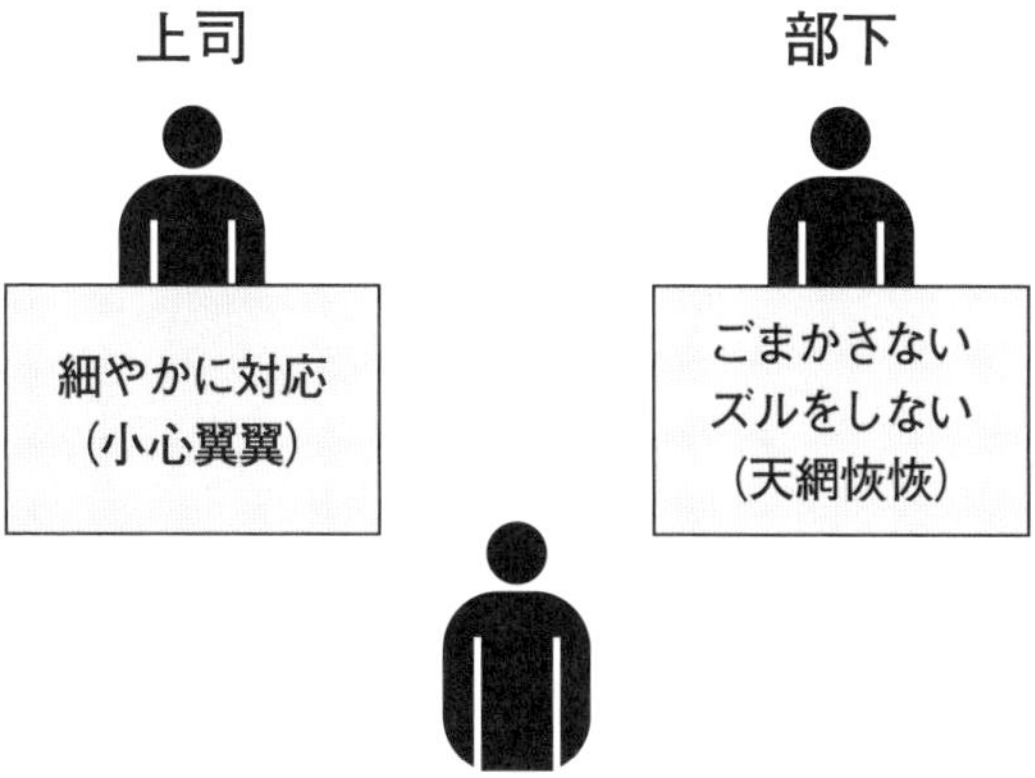

上司にも部下にも公明正大に

「こうすべきだ」「こうしろ」と、上から命令するのではなく、細やかに一人ひとりに対応しながら、相手の状態を見極めながら質問をする。「ああ、それなら、こうするのがいいと思います」と、本人に気づきを起こさせるやり方です。

一方、下の人は「天網恢恢」という四字熟語で覚えておくといいでしょう。これは、天の網は粗いように見えるけれど逃すことはない。「天は見ているよ」ということです。「天網恢恢疎にして漏らさず」という言葉が『老子』にありますが、これとセットにして覚えましょう。「恢恢」は大きいということ。天の網は大きく大ざっぱそうに見えて、実は悪いものをちゃんと見ている。上司が見ていないと思ってズルをしても、天が見ているよということです。

今の言葉に言い換えてみると、「天」はネット世界とも言えます。どんな悪事も逃さないと読み替えることができる。まさに「天の網＝ネット」なのですね。

インターネットの世界は、どこかの会社が変な対応をしているとか、窓口の人がおかしいとか、こういう暴言を吐いたとか、ズルをしているとか、着服しているなど、誰かがSNSでひと言つぶやくと瞬く間に広がっていき、そこから本格的な調査が入ることがあります。

そのため、今の世の中はズルをしにくくなっている。下の人も〝このくらいならいいだろう〟ということができなくなっています。老子の時代と現代の話が、意外なところでつながっていますね。

監視カメラは悪いことばかりではない

ネットが発達したことで、私たちは息苦しい思いをする部分もありますが、実際は不正も減っています。これは監視カメラにも同じことが言えます。今の時代は、あらゆる場所に監視カメラがついている。最初は、「カメラなんてつけたら、プライバシーが侵害される」という意見も数多くありました。

ジョージ・オーウェルの『一九八四年〔新訳版〕』（高橋和久訳、ハヤカワepi文庫）は、支配者がいろいろなところで監視している社会の怖さを描いた小説です。しかし実際、われわれの生活の中に監視カメラが取りつけられてみると、犯罪者を捕まえるために役立っているケースが多い。むしろ、監視カメラがなければ捕まっていなかったのではないかと思うこともあります。

そうなると、まともな市民は監視カメラに助けられていることになる。活用方法を間違えてはなりませんが、現在の段階では、犯罪を摘発するために使うのであれば、監視カメラの機能もいいなと思うところがあります。

心を整える

心に中和《ちゅうわ》を得《う》れば、則《すなわ》ち人情《にんじょう》皆順《みなしたが》い、心に中和を失えば、則ち人情皆乖《そむ》く。感応《かんおう》の機は我に在り。（言志後録103）

――心の調和がとれていれば、人の気持ちはこちらに向いてくるけれど、心の調和がとれていなければ、人の気持ちは離れていってしまう。人の反応は、自分にある。

長谷部選手に学ぶ「戦術理解力」

自分の心に中和があれば、人の気持ちはみんなこちらに向いてくる。しかし中和を失うと、人の気持ちは離れていってしまうと書かれています。

「感応の機は我に在り」というのは、人が反応する要因は、自分の中にあるということ。だから偏らず、節度ある振る舞いが大事なのです。

中には、偏っていて極端で激しい人もいます。その人にものすごい才覚がある場合は人がついていきますが、多くの人はそうではありません。才覚がないのに偏っている人には、

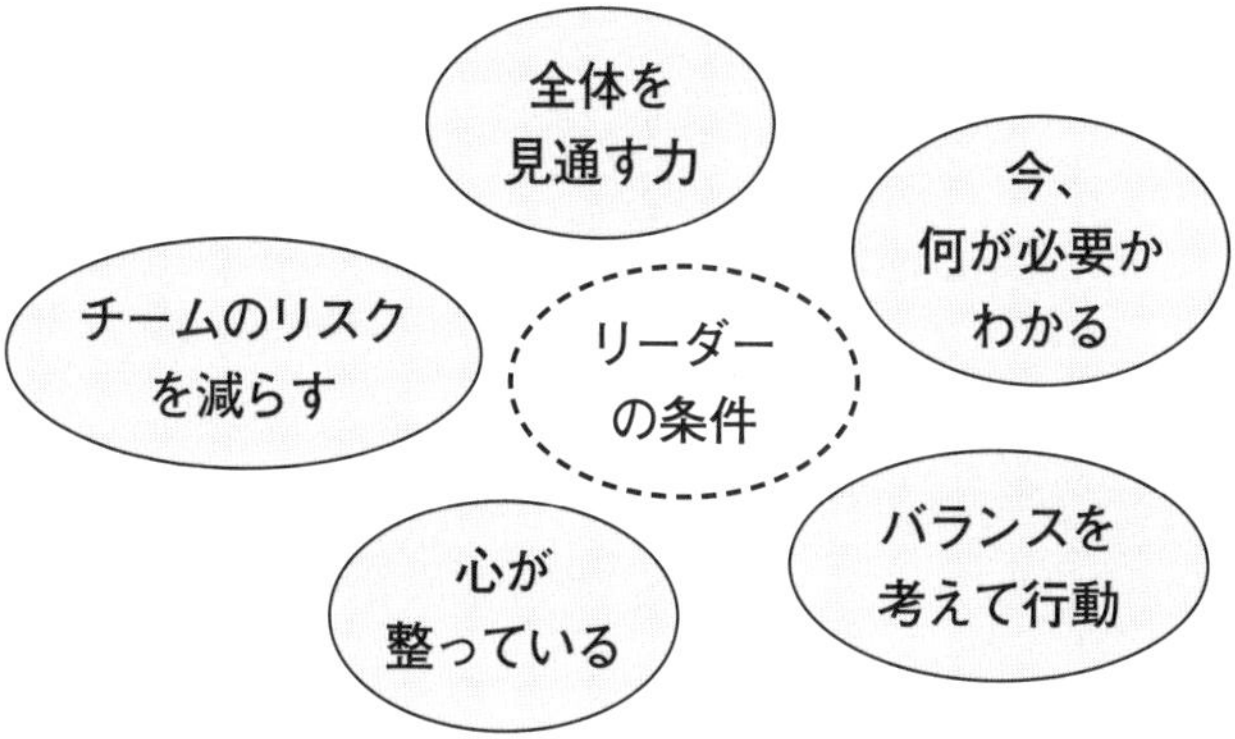

「バランス力＝戦術理解力」がある人を目指そう

ついていきたくなくなります。

リーダーにはいろいろなタイプがいますが、いちばん安心できるのは、心のバランスが取れている人でしょう。そこで思い出されるのは『心を整える。』（幻冬舎文庫）の著書がある長谷部誠選手です。サッカー日本代表のキャプテンですが、どの監督が見ても、やっぱりキャプテンにしたくなるような人物なのだと聞きます。

とはいえ彼は、高校時代にはキャプテンではありませんでした。わかりやすいリーダータイプではなかったのです。ドイツなどで経験を積むにしたがって、だんだんキャプテンらしくなっていった人です。

長谷部選手いわく、心を整えることは海外でスポーツ選手としてやっていくために、重要だそうです。彼のインタビューで印象的だったのは、「自分は評価が難しい選手だと思う。というのは、チームの中で足りないものを補ってバランスを取るので、それほど目立たないから」ということでした。

しかし、結局ドイツでも、チームが変わっても、監督が変わっても、彼は必ずレギュラーでいます。サイドバック、センターバック、ボランチなど、さまざまなポジションについて、チームのリスクを減らす動きをしています。

つまり彼は、戦術理解力が高いのです。バランス力があるということは、戦術理解力が高い。心が整っているだけではなく、全体が見えていて、今何が必要なのかがわかり、バランスを考えて行動できる。そういう人がキャプテンだと、誰もが助かります。

長谷部選手は、習練や経験を積んでいくにしたがって、それができるようになったのだと思いました。キャプテン気質は、必ずしも最初からあるわけではないのです。

戦術理解力は、普通の企業でも言えることです。上司がやりたいと考えている戦術を理解し、行動できるか。プロとしてやっていくためには、全体の中で必要な動きをしていくことが大切です。勇気が極端にありすぎると無謀になるし、勇気がなければ臆病になってしまう。そのちょうどいいバランスを持つことが、中和でもあります。

ほめコメントを練習しよう

人の心が動く要因は自分にある、と受け止める練習も必要です。これを訓練してみると、周囲が変わっていきます。

学生にもよくやってもらうのは、まずは一週間、周囲の人をほめ続けてみることです。会う人ごとに、ほめて、ほめて、ほめて、とやっていく。一週間経つと、明らかに自分に対してみんなが反応してくれるようになるという結果が出ています。

これは案外簡単にできること。人に対して、ちょっとほめコメントをするだけで、他の人の反応が変わってくるのは面白いと思いませんか。

心のバランスがよい人は、他人にほめコメントが言える余裕があるということです。自分との比較などをせず、素直によいものはよいとスッと口にする練習をしてみましょう。

テレビを見ながらでも、出演者に向かってほめてみる。「今のコメントはよかった」「この芸人、今までつまらないと思っていたけれど、今日はすごく面白い」など、ポジティブ評価をしていくと、嫉妬心や自分にこだわる気持ちも少し減ってきます。そして心が柔らかく整っていきます。

トラブルはすべて上から起こる

禍《わざわい》は皆上《みなかみ》よりして起こる。（言志録102）

——災いは、すべて上から起こるものである。

上の判断には大きな責任がある

災いの多くは下から起こると言われているが、そうではない。たいていは上の人がミスをするからひどいことになる、と書かれています。

戦争で言うと「大本営発表」の知らせは、事実に即したものではなかったのに、下の人はそれを信じてしまうという構図がありました。そう考えると、非常に大きな災いは、上のミスから起こるものなのです。

最近、日本の大きな企業がおかしなことになっていますが、そのほとんどが経営判断のミスからきています。なぜ、半導体で儲けたお金で、アメリカの原発会社を買ったりしたのでしょう。また、なぜ粉飾決算を続けたのか。

上司の能力が部下の運命を決める

結果として、自分たちの得意ではない領域で、一兆円規模の損害を出してしまった。これは、まさに上がミスをしたわけです。下の人たちは、そのためにリストラに遭ってしまう。まさに被害を被っているのです。

上の人の判断には重大な責任がある。上に立つ人は、常に自戒の念として、この言葉を心に持っておくべきでしょう。

経営の中枢にいる人だけに当てはまる話ではありません。入社して何年か経つと、たいていの人はグループ長などになり、人の上に立つことになります。そのとき、この言葉を自分のことと思って受け止めてほしいと思います。

下からの災いも火元は上にあり

下から出た災いであっても、上の人が働き

かけてその流れを作っている、ということもあります。

たとえば、本当に優れた先生のもとでは、いじめは起きません。

子どもたちがいじめをしてしまうのは、先生の力が足りないからかもしれない。先生が生徒に対して厳しい態度をとったり、生徒たちの間に目を配ることなどで、いじめは起こさないようにできるのです。

私は小学生時代、担任の先生から「クラスの中でA君がうまくやっていけてないみたいだけど、どう?」と相談されたことがありました。「そういえばそうですね」と答えたら、

「じゃあ、齋藤君がA君の担当になってね」と言われました。

先生はそうやって、〝ちょっと危ういな〟と思ったところに手を打っていた。すると、いじめや不登校みたいなものも、あらかじめ防ぐことができるのです。

また五、六年生のときの担任の先生は、ある生徒が学校に来なくなったとき、「みんなで迎えに行こう」と言って、クラス全員で家まで迎えに行きました。すると、次の日からまた、その子は学校に来るようになりました。

ずいぶんのどかな時代ですが、先生がしっかりしていると、不登校になっている子どもが学校に通えるようになることもあります。クラスの子どもたちは、その子を仲間はずれにするどころか、教室の中で楽しく過ごせるよう気を使って盛り上げるようになりました。

そして、本人も「みんなが迎えに来てくれて、うれしかった」と言っていた。上に立つ

人によって、ここまで変わるのです。

ドラッカーは「今はみんながエグゼクティブの時代」だと言っています。エグゼクティブというのは、プロジェクトリーダーになるということ。みんながリーダーになって判断していく時代です。誰もが常に上に立つと思って、この言葉を心に留めておいてほしいと思います。

部下を見捨てれば、上司も見捨てられる

游蕩《ゆうとう》の子弟も、亦《また》棄《す》つ可《べ》きに非《あら》ず。（言志晩録166）

――遊びほうけているような子たちも、決して見捨てるべきではない。

暴れる若者を見捨てない

游蕩の子弟というのは、きちんとなすべきことをせず、遊びほうけているような、少年たちや青年たち。そういう子どもを見捨てるのはよくないと、書かれています。

一旦悔い改めれば、昔の悪はあまり追及しないほうがいい。その子が悪さをしているのは、その「才」から出ていること。エネルギーがあるからで、ちゃんとした道に行けば、きっと「成す」ものがあるだろうというのです。

永山則夫という人がいます。彼は、無知であるがゆえに殺人を犯しました。しかし、その後は本を読み、自分がなぜこんなことをしてしまったのか悔恨の気持ちを強く持ち、『無知の涙』（河出文庫）という本を獄中で執筆しました。

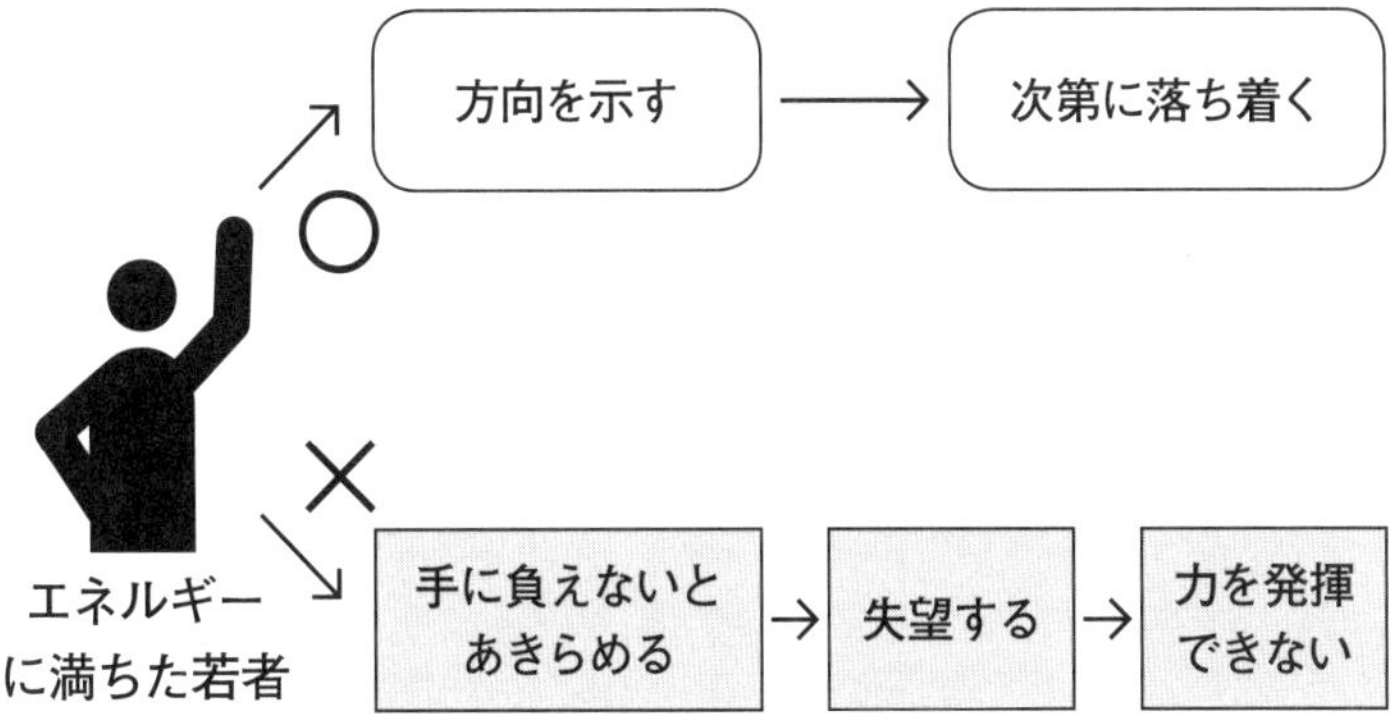

方向を示し、決して見捨てない！

永山則夫は極端な例ですが、少年院の指導者と話をすると、箸をちゃんと持つこともできない少年たちが多いと言います。箸の持ち方も教えてもらえない家庭環境にいたのだ、と。だから少年院では、一から箸の持ち方や本を読むことを教えます。最初は全然読めなくても、活字を読むことを教え、本を読ませていくうちに、徐々に気持ちが落ち着いていく。読書というのは、悔い改めて落ち着かせるのに、非常によいものだそうです。

しくじりは若者の特権

多くの人は、青年時代には活発すぎて何かをしくじります。しかし、一回しくじったからといって見捨ててしまうと、失敗ができなくなってしまいます。

私も身に覚えがあります。大学時代、絨毯

が敷いてある部屋での授業があり、当時は呼吸法やヨガをやっていたので、一人だけ開脚して、胸をべったりつけながら授業を聞いていました。今思うと、ちょっと異様な光景ですね。

東京大学の有名な先生のゼミでしたが、先生は怒らずにいてくださいました。私はそういう変な学生でしたが、変なことをしていたエネルギーも、正しい道に行けばまともになるのです。

学生の頃は盛り場で大騒ぎをする学生もたくさんいますが、時間が経てば、そういう人も立派な父親になり、立派に仕事をしていくわけです。若いときは、エネルギーがあるからこそ暴れるとも言えます。

エネルギーがありすぎると大変なことになる場合もありますが、よい指導者に出会って変わるケースも山ほどあります。年を重ねた人たちは、若者のエネルギーを見て、方向を指し示し、見捨てないことです。

伸びる部下と終わる部下

教《おしえ》も亦術《またじゅつ》多し。（言志後録12）

――教えには、幾つもの方法がある。

部下が伸びる教え方

「教も亦術多し。」の前には、**「誘掖《ゆうえき》して之《これ》を導くは、教の常《つね》なり。警戒して之を喩《さと》すは、教の時なり。躬行《きゅうこう》して以て之を率いるは、教の本《もと》なり。言わずして之を化《か》するは、教の神《しん》なり。抑えて之を揚げ、激《げき》して之を進むるは、教の権《けん》にして変《へん》なるなり。」**とあります。

教え方にもいろいろな術がある、と書かれた上、「常」「時」「本」「神」「権」の五つの教え方に分類されています。

「常」は、教えの基本である助け、導くこと。「時」は、戒め諭す頃合いを見計らうこと。「本」は、自ら率先して手本を見せること。「神」は、何も言わずして育てること。「権」は、一度は押さえつけるものの、その後はほめて伸ばすということです。

この時代に、個性にしたがって指導するとか、お手本を示すとか、臨機応変の指導などが整理されているのが、非常に面白いと思います。

教えるというと、山本五十六元帥の「やってみせ、言って聞かせて、させてみせ、ほめてやらねば、人は動かじ」という言葉が有名です。これも人に教える非常に重要なポイントを突いています。

私の専門は教育学で、とりわけ教育方法を中心にやってきました。どういう方法で教えると生徒が伸びるのか。実は教育は、相手が伸びて初めて教えた意味が出てきます。〝教えたはずなんだけどなあ〟というのでは、意味がありません。

たとえば大学の授業で先生は、大量の知識を教えていきます。しかし、そこで学生が寝ていたり、学んでいない状態では、何の意味もない無駄な時間になってしまいます。教えたことを学生が身につけて初めて、教育が成り立つ。そこに学びがあってこそ、教育になるのです。

逆に言えば、先生が逐一教えなくても、課題を与えて自発的にその時間にできるようになれば、それは教育がうまくいっていることになります。

「そこに学びが起こっているか」が、いちばんのポイント。最近はＤＶＤ教材もありますが、映像を流すときにライブのようにきちんと聞くことができればいいのですが、何となくふわーっと見ているだけでは、身につきません。

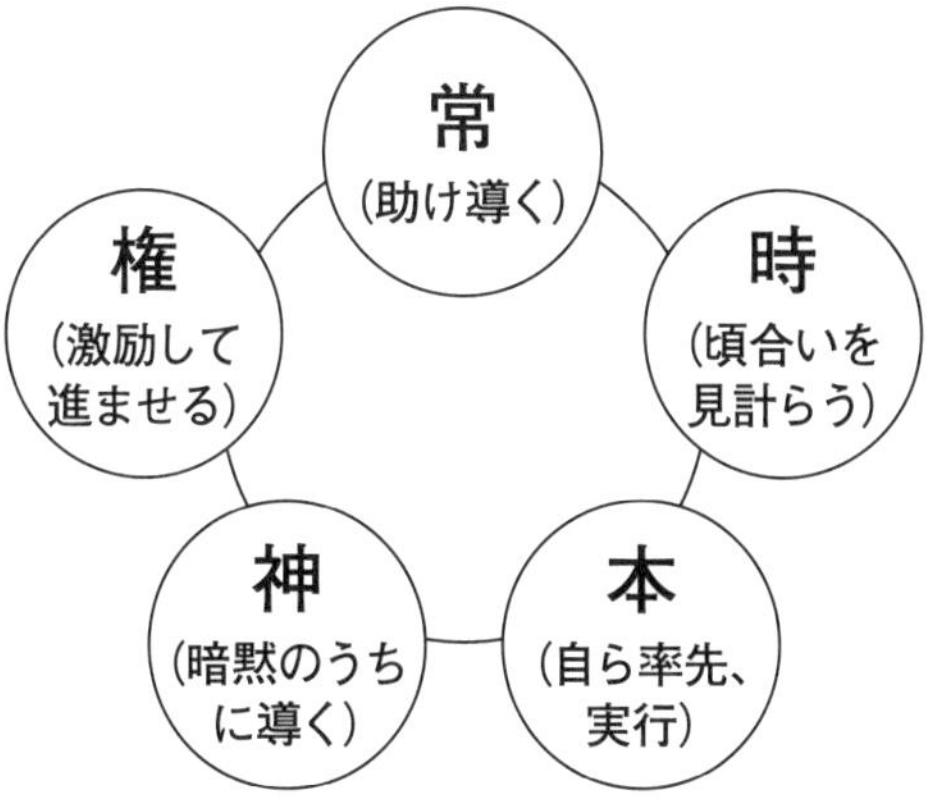

教え方は相手によって臨機応変に

緊張感を持って、自分が学んでいるか。あるいは、先生の立場でいうと、相手が学んでいるかを試すのが大事です。

試すのは意外に簡単です。それは、「今の話を、もう一度言ってみて」と問うこと。「えー？」という雰囲気になって言葉にできないなら、学生は真剣に聞いていません。授業の後半でも、映像を見たあとでもいいので必ず復唱する。あるいは要約を再生してもらう。そうすると、「学んでいる、学んでいない」が、一目瞭然です。

マニュアル＋融通を利かす

吉田松陰は、松下村塾の塾生の個性をよく見ていました。

たとえば高杉晋作の前では、久坂玄瑞をほ

め、ライバル視させました。高杉晋作は非常に能力が高いのですが、ずぼらなところがあった。アイデアは豊富でやる気もあるのですが、大ざっぱなのです。

それに比べて久坂玄瑞は、整っていて何でもできるので、ライバル視させることで刺激してやる気にさせたのです。

このように、人の個性や欠点も含め、癖に合わせて一人ひとりを見ていかなければならないと、松陰は語っています。学校の先生でも、一人ひとりを見ながら指導方針を変えていくのが、上手な教え方。その場で臨機応変に対応し、サッと変えていくことができるのが、いい先生やいい上司です。

前出の山本五十六の言葉は、〝昔の軍隊でもそうだったのか〟と思わせられます。人の本質はいつの時代も変わらない。やっぱり最終的には、ほめて激励するというところにくるのだと思いました。

教育は、心が通じ合うことが大事なので、まずは「こういうふうにやるんだよ」とお手本を示すことでしょう。そうしないと、何もイメージが湧かないままでは、上手にできなくて当たり前です。

今の時代はお手本の上に、マニュアルまで示してほしいと言われます。マニュアルについては否定的に言われることも多いのですが、上司なら、マニュアルくらい作って渡せなければダメだと思います。何となく「やってこい」ではなく、基本的なマニュアルを示す。

基本的なマニュアルがあった上で、融通を聞かせること。「マニュアル＋融通」を、普段から試しておくのがよいと思います。

話しやすいと思われる「聞く力」

石重《いしおも》し。故に動かず。根深し。故に抜けず。人は当《まさ》に自重を知るべし。（言志晩録222）

――石は重いから動かないし、大木は根が深いから抜けないのである。人もこれと同じように自らを重くし、他によって軽々しく動かされないように工夫を積まなければならない。

どっしりと構える

ことわざふうで、かっこいい言葉です。石は重いから動かない。根は深いから抜けない。人間もそのようでありたいものよ、と書かれています。人の意見にフラフラするのではなく、どっしり構えていなさいということでしょう。

「自重せよ」とは、普通は「慎重にしなさい」とか「軽はずみに変なことをするのを慎みなさい」ということ。もちろんそれもありますが、もともとの意味は「自分の品位を保っ

目指すのは「自重の人」

て、むやみに卑下しない」とか「自尊感情を持ってどっしりとしていなさい」ということです。

付和雷同という言葉があります。みんなが右と言えば右に、左と言えば左に。自分の意見がなくフラフラしてしまうことを言います。これは、選挙のときに特に思うことです。

みんなが「政権交代だ！」とワーッと騒いで、民主党が勝ったときがありました。その後、日本は試練の時期を迎えてしまいます。そうなると、今度は自民党が圧勝するというふうに、大きく針が振れる。

選挙というのは、雰囲気に流されがちです。ワーッと行って、ワーッと戻って、というのも民主主義の一つのバランスの取り方ですが、国を左右するときには、ダメージが大きくなります。付和雷同を避け、自分自身をどっしりと構えて、自重する訓練を積んでおけということでしょう。

〝周りのみんなはこう言っているけれど、ちょっと待てよ〟とか、〝もしかしたら、こういうこともあるのでは？〟と、一旦踏みとどまること。こうした意見を言う人がいないと、すべて流れていってしまい〝あのとき、なぜ気がつかなかったのだろう〟ということが起きかねません。雰囲気に流されない「自重の人」の存在は貴重です。

両方の言い分を聞く

映画「十二人の怒れる男」（アメリカ・一九五七年）は、事件を審議する十二人の陪審員の話ですが、前半では、犯人とされた黒人の少年が有罪にしか見えません。陪審員はみんな、忙しいし早く帰りたいので「もう有罪でいいじゃないの」という雰囲気になります。しかし主人公が「いや、ちょっと待て」と言い出し、話し合っていくうちに一人ひとり考えが変わってきて、結局無罪になるのです。

日本でも裁判員裁判が行われていますが、人を裁くときに「ちょっと待てよ」という人がいて、「では、これも見直してみよう」となるのが、民主主義的です。

どっしりと自重するには、そのための練習が必要です。みんなが「こっちだ」と言っているときに、「別のやり方もあるかもしれない」と考える習慣を身につけること。

私の知人に、「みんなが多数のほうに行くとき、自分は必ず違うほうに身を置くようにしている」と言う人がいます。

それも一つの訓練になるでしょう。その他にも、誰かが何か言ったときには、すぐに納得しないで保留し、反対意見も取り上げること。片方の話だけを聞いていると事の真相が見えなくなるので、両方の言い分を聞くことが必要です。

たとえば、お客さんからのクレームが出て、部下を叱ろうとするときには、叱る前に部下の言い分も聞いてみる。いろいろと聞いたら「それは、仕方がなかったかもね」となるかもしれません。

私も、学生の実習先からよくクレームを受けます。でも、学生から話を聞いてみると〝何だか、先方の言っていることと違うな〟と思うことがあります。

ですから、クレームがあったからといって、いきなり頭ごなしに叱ってはいけません。双方の話をよく聞いて、事実関係を一つずつ明らかにし、その上で対処法を考える。

すぐに評価したり、叱ったりするのではなく、話を聞くことを間に挟むと「自重」ができるようになります。

ミスをすべて指摘するのは逆効果

人の過失を責むるには、十分《じゅうぶん》を要せず。（言志晩録233）

――人の過失を責める場合、百パーセントこれをとっちめるのはよくない。

過失を責めるときには七〜八割で

相手の過失を責めるときには、百パーセントで責めてはいけません。あまりやり込めると、その人が自暴自棄になってしまうからです。ヤケになったら終わりです。

『言志四録』を訳した川上正光さんは、『孟子』の中のある言葉を引いています。

「自ら暴う《そこな》者は、ともに言うことあるべからざるなり。自ら棄つる者は、ともに為すことあるべからざるなり」

完全にとっちめて追い込んでしまうと、相手の心が折れてしまいます。反省するというより、何もやる気が起きない状態になる。そうではなく、もう一度心を立ち上がらせる状態にしなくてはなりません。

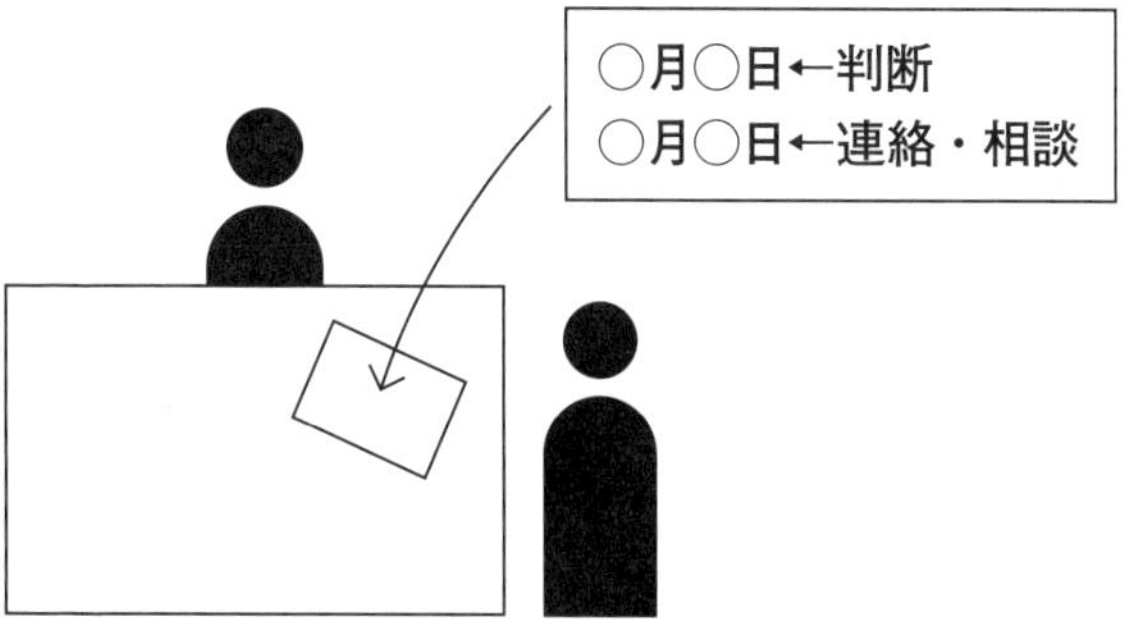

書くことで事態が把握できる。ミスも減らせる

責め続けて、ミスをすべて（十分）指摘することは避け、二、三分は言わずに置く。必ず救いの道を用意しながら示すことです。相手の心が反省に向かい、修正できる気持ちになったところで、ミスを防ぐための方法を一緒に考えていくことも大切でしょう。

書くことでミスは減らせる

ミスをした部下と話をするときは、机を挟んで九〇度の角度に座り、真ん中に紙を置きましょう。なぜミスが起きたのか、誰がどうなって、どう伝わってしまったのか。私は紙に書き、図にします。そうすることで、本人も冷静に振り返りができるからです。

「このときのこの判断が、ちょっと間違っていたね」「ここで、連絡や相談をしていたら、事態を避けられていたのでは？」などと解明していきます。

紙に書きながら事態を把握することは、分析する上でとても重要です。事情聴取のような一方的なやり方ではなく、一枚の紙を見ながらやっていく作業が、最も効果があると思います。

図に描き、キーワードを取り出して、マップにしてみると、ミスした本人も素直に受け取れるようです。私はこれを「マッピングコミュニケーション」と呼んでいますが、ポジティブな気持ちで事実をとらえ、ミスをなくしていくよい方法です。

紙に書かず、ただ話をすると、話が感情的になりがちです。紙に書くことで客観性が生まれ、ミスをした本人も、上司のほうも、事態を冷静に把握する心構えができます。紙に書くのは、人を冷静にする行為なので、ぜひ試してみてください。

呼び水でアイデアを吸い上げる

凡《およ》そ事有《ことあ》る時は、須《すべか》らく少壮者《しょうそうしゃ》と商議し以て吾《わ》が逮《およ》ばざるを輔《たす》くべし。（言志晩録262）

――何か事があるときには、若い人に相談して、自分の足りないところを補うのがいい。

年を重ねるほど若い人と相談を

年齢を重ねて権力を持つようになった人こそ、若い人に相談を持ちかけ、「どう思う？」と聞いてみることが大事です。上の人から、下の人に相談する。これは、私のセミナーでもよく練習してもらうことです。

会社では、部下が上司に相談するのは当たり前ですね。しかし、上司のほうでも、常に相談事を三つ四つ持っておき、部下に相談してみることです。すると若い人はアイデアを言ってくれて、「そのほうがいいね！」となることがよくあります。

若い人に相談を持ちかけるときは、コツがあります。会議の席では堅苦しくなってしまうので、二人になったときに雑談をしながら相談してみましょう。そうすれば相手も気楽に「ああ、それならこうすればいいと思います」と、アイデアを出してくれます。

「なるほど、じゃあそれでやってみよう」と言えば、自分のアイデアが取り入れられたことで、部下も元気になるでしょう。若い人のアイデアをどれほど吸い上げることができるのかは、これからの上司の大切なポイントになるはずです。

なかなか若い人の意見を吸い上げられない組織も多いので、上に立つ人は、心をいつもオープンにしておくことが大事です。

田中角栄は、自分が大蔵大臣になったとき、官僚の前で次のようにスピーチしました。

「私が田中角栄だ。ご存じの通り小学校高等科卒である。諸君は天下の秀才揃いで財政金融の専門家揃いだ。しかし、私は素人ながらトゲの多い門松をくぐってきたので、仕事の要領は心得ている。われと思う者は誰でも大臣室に来て、何でも言ってくれ。大臣室のドアはいつでも開けておくから、上司の許可は得なくてもよいので話に来てくれ」

こうして、官僚たちが大臣のところに来やすいようにしたという逸話が残っています。とても印象的な話です。

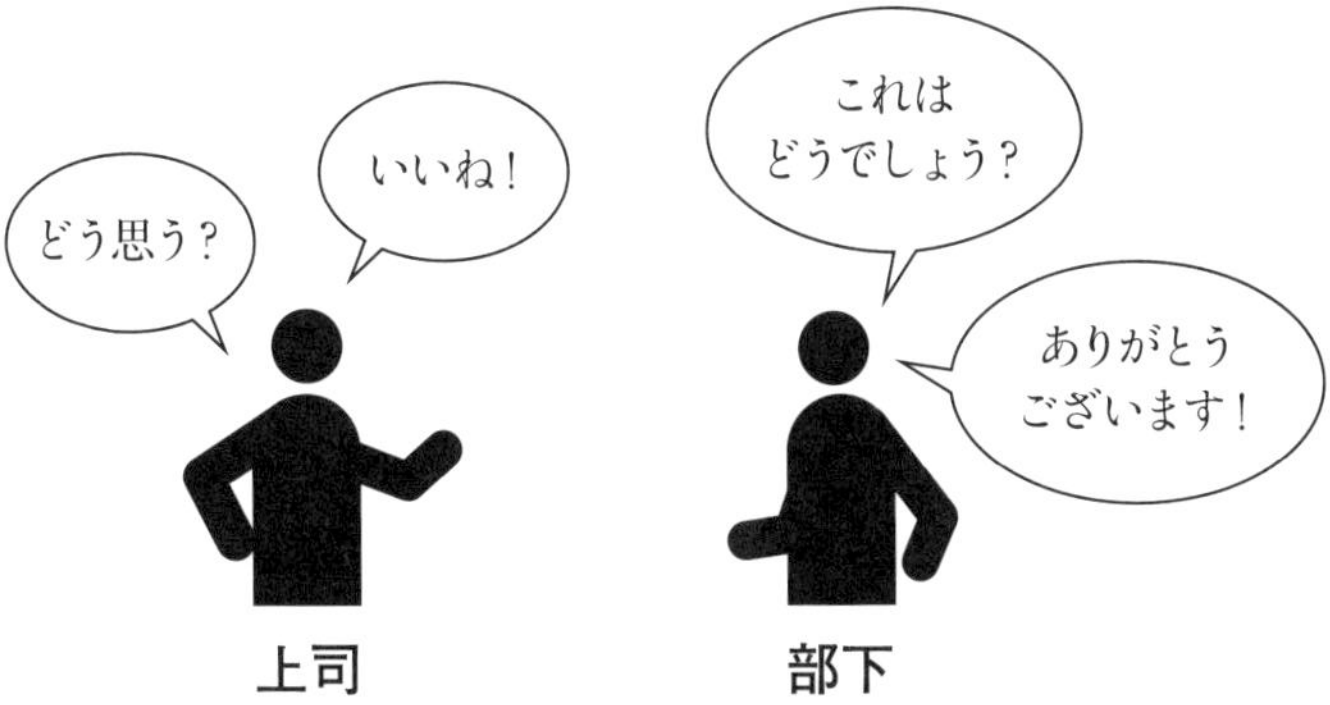

一対一で心をオープンに

新鮮な感覚は若い人にしかないもの

人間は、年齢が上になるにしたがって、どうしても感覚は古くなっていきます。経験がありすぎて、新鮮な感覚を失うこともあります。だから、若い人の意見は常に聞いたほうがいいのです。

私は、授業が終わって学生に出席票を出してもらうとき、その日の感想を裏に書いてもらいます。そうすると、「今日の授業はここがよかった」とか「指示がぼんやりしていたので、話し合いもぼんやりしてしまった」とか、学生は本心を書いてきます。それを読むと〝なるほど、確かに！〟と思うところがあります。

一人ひとりが率直に書いてくれるので、次の授業に活かすことができる。私はそれを毎回読んでいるのですが、そうすることで授業がどんどんよくなっていきます。

また、教員の間では全員に回すメールのシステムができていて、何か問題が起きると若い先生もそれぞれに意見を書いてくれます。今の時代は、一斉にメールを送ることが可能なので、いつでも情報を共有できる。それぞれが時間のあるときに見ればいいし、若い人も意見を言いやすくなっているのは、素晴らしいことです。

基本的には、年を重ねるほどオープンに、上機嫌でいることでしょう。そうでないと、若い人に相談もできないし、一緒に事を成すこともできません。

部下が育つ叱り方

人を訓戒《くんかい》する時、語《ご》は、簡明なるを要し、切当《せっとう》なるを要す。
（言志耋録160）

――人を教え戒めるときの言葉は、簡単明瞭で、かつ適切であることが必要だ。

くどくど説教をしない

人に注意し、戒めるときというのは、手短に簡単明瞭にやりなさいという教えです。また、早口で言ったり、侮辱したり罵ったりしてはいけないと書かれています。

どうしても説教というのは長くなりがちで、途中から相手は聞いていないことがよくあります。相手は心ばかり傷ついて、やる気を失うだけになって終わることもある。

ここは、端的にポンと言うだけにとどめ、あとは対策をお互いに考えるのが得策でしょう。たとえばミスが多いのなら、そのミスをどうやったらなくせるか一緒に考えてみる。

相手を罵って直させるというよりは、現状を確認し、相手が気づくように仕向けていくことが必要です。

私が学生を叱るときには、ネチネチやるとよくないので、単刀直入に事情を聞きます。先に叱ってしまうと、事実が間違っていることもあるので、とにかく先に事情を聞く。会社の場合にも、ミスやトラブルがあった場合は、まず部下に事情を聞いて事実関係をはっきりさせたほうがよいでしょう。

事実の経緯を説明してもらうと「それは、君のほうが正しいね」となる場合もあります。事柄をはっきりさせ、相手に非があるならば、「どこで、どうすればよかったのか」「これからどうすればいいか」を考えます。冷静に考えながら、二人で協力してトラブルを脱する方向に持っていきます。このとき必要なのは、紙に書くことです。

そうすれば、ミスをした本人も落ち着いて考えられる。頭ごなしに叱ると、貝が口を閉じてしまうように、心を閉ざしてしまいます。そうすると、〝もう、この人の言うことは聞けない……〟となるでしょう。

今の若い人は、くどくど説教をしたり、否定するようなことを言われるとついてきません。そして、しばらくすると会社を辞めていってしまいます。「ライオンは千尋の谷に突き落として這い上がってくる子を育てる」と言いますが、今の時代は突き落としたら、もう這い上がってはきません。

1. 事情を聞く

2. 一緒に解決策を紙に書く

3. アドバイスをして必ず肯定形でしめる

ミスやトラブルから部下を成長させる

アドバイスは必ず肯定形で

五十代以上の人が過ごしてきた時代と、今の二十代の人とでは、まったく時代が変わっています。自分の若い頃と同じように考えてはいけません。

若い人に何かを言いたいときは、励ますように肯定的に話をしましょう。もし、相手にNOを言いたい場合は、「YES・NO・YES」で、サンドイッチにして話すことです。「君の仕事はだいたいうまくいっているよ＝YES」「一点だけここを注意すればいい＝NO」「そうすれば問題ないから頑張ってね＝YES」というのが、サンドイッチ話法。NOが間に挟まっていますが、嫌いなものも好きなものに挟まれていれば食べることができるように、相手は受け入れることができます。交渉のテクニックですね。

注意をするときは、アドバイスをして肯定形でしめる。これは今の時代に絶対に必要なことになっていて、この二十年間で最も大きく変化したものだと思います。

昔の会社でよくあったような、上司の愚痴や説教が止まらない状態は、上司としての能力まで疑われてしまいます。

また、注意をするときには、**「宜《よろ》しく先《ま》ず之《こ》れを略説《りゃくせつ》し、渠《か》れをして思うて之れを得しむべし。**（言志耋録166）——まず、そのことについてだいたい説明し、相手が自身で考えをめぐらして、会得させるようにするがよい」とも書かれています。

概略を話して、相手に気づかせる。詳しくすべてを説明するのが、部下にとってよいこととは限りません。最近はアクティブラーニングということがよく言われますが、学ぶ人が積極的に学ばないと意味がないということです。

大学でも、何もかも詳しく説明するより、簡単に説明して「じゃあケーススタディでこれを自分で練習してみて」と言うほうが、効果が上がります。相手が自分で気づくように持っていくことが、若い人たちの成長につながるのです。

第三章　学びを無駄にしない——学習力

人生はいつでも学びに満ちている

少《しょう》にして学べば、則《すなわ》ち壮《そう》にして為すこと有り。
壮にして学べば、則ち老いて衰えず。
老いて学べば、則ち死して朽《く》ちず。（言志晩録60）

――少年のときに学んでおけば、壮年になってそれが役に立ち、何事か成すことができる。壮年のときに学んでおけば、老年になっても気力が衰えることはない。老年になっても学んでいれば、見識も高くなり、より多く社会に貢献できるから、死んでもその名が朽ちることはない。

三学の教え

生涯学習の標語となる言葉です。「少壮老」というのは少年、壮年、老年の三つの時期。これを合わせると、人生のほとんどの時間となります。

少年というのは、大学時代くらいまででしょう。この時期に厳しい勉強をしておくと、

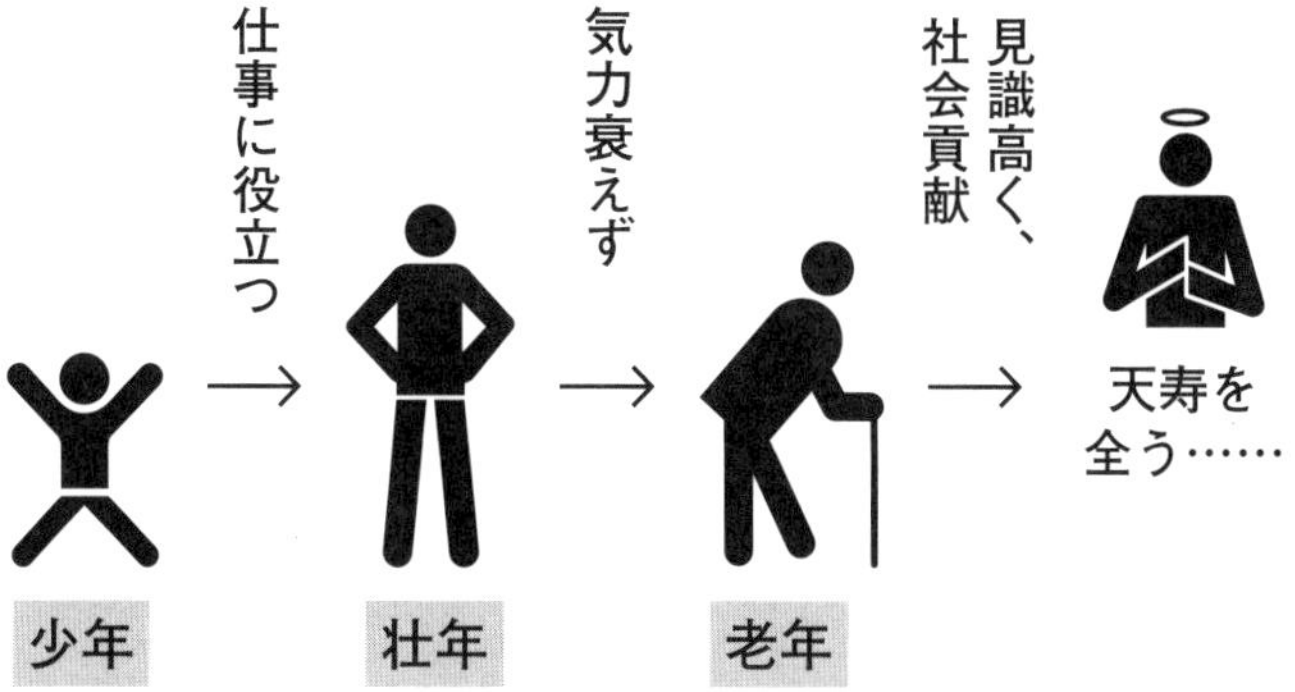

三学にはすべて価値がある

その後、大きな事業を為すことができると書かれています。

中国には『三字経』という、三文字を一句とした言葉が続く書物があります。そこには「学べ、学べ、学べ」「幼い頃から学びなさい、勉強しなさい」ということが書かれています。

『三字経』の中には、昔の人は夜暗くなったら蛍の光で勉強をしたという「蛍雪の功」の話も引用されているし、「孟母《もうぼ》三遷」の教えもある。孟母三遷とは、子どもの教育のために住まいを三度変えた、という話です。

また「孟母断機《だんき》」は、学校から途中で帰ってきてしまった幼い孟子のお母さんが、織っていた織物を途中でパタンと断ち切ってしまう話です。当然ですが、今まで織っていた織物は無駄になります。「学んでいるのを途中でやめて帰ってくるのは、せっかく織った織物を、途中で台なしにするのと同じだ」と、母親は実際の織物を使って教えたのです。

「この母にしてこの子あり」なのか、「この子にしてこの母あり」なのかはわかりませんが、面白い逸話が描かれています。これらを、幼いときから教える中国の影響を、日本は強く受けてきました。

学びは朽ちない

『言志四録』に書かれているのは、儒教を学ぶ人生で、それを人生の柱とすることです。「何を柱にして生きるか」は、人によってそれぞれに違います。「好きなことをする」とか「旅行する」とか「仕事をする」とか、大切なことはあると思いますが、その前に「学ぶこと」を柱に立てておけば、「死んでも朽ちない」と書かれています。

「死して朽ちず」とは、どういうことでしょうか。

老いても学んでいく人は、その名が不朽のものとなり、名前が残ります。あるいは、自分のやった事業が残るというのもあるでしょう。

以前、ＮＨＫで「プロジェクトX」という番組がありました。あの番組に登場するのは、無名の人たちです。一人ひとりの名前は残らなくても、黒部ダムは残る、新幹線は残る、青函トンネルは残ります。

学び続けた人、一生頑張った人、仕事をし続けた人の生きた証は、残るのです。つまり、最後まで前向きに取り組んでいけば、ポジティブに人生を終えられるのです。

死と聞くとネガティブな気分になりがちですが、学び続けて死の直前まで学んでいくこと。これは、漱石の日記などを読んでも顕著です。「今日は○○を読んだ」と書いてあり、英語の本などを読んで勉強し、自分自身もまた執筆し続けていました。

「少・壮・老」、すべて学び続ける。この三学の教えは、人生の軸になります。

プラトンの『ソクラテスの弁明・クリトン』（久保勉訳、岩波文庫）を読むと、知を愛し、よりよく生きようとしていれば死は恐くないという、ソクラテスの死生観を学ぶことができます。

常に前を向いている気持ちが大事で、前を向き続けていたら、ふっと死がやってくる。そこで人生を終了させるだけ。前を向き続けて死んでいけるように、ということでしょう。学ぶ人生の構えを作ろう、というメッセージです。

流されないための軸を作る

太上《たいじょう》は天を師とし、其《そ》の次は人を師とし、其の次は経《けい》を師とす。

（言志録2）

――最上の人は宇宙の真理を師とし、二番目の人は立派な人を師とし、三番目の人は経典を師とする。

天を意識して生きる

西郷隆盛の『南洲翁遺訓《なんしゅうおういくん》』（『西郷南洲遺訓――附・手抄言志録及遺文』山田済斎編、岩波文庫）の中には、「人を相手とせず天を相手とせよ。天を相手として己を尽くし、人を咎めず、我が誠の足らざることを尋ぬべし」と書いてあります。

「天」というものを意識することによって、人の気持ちは大きくなります。しかし、私たちは「何を師としますか?」と問われて、「天です」と、スパッと答えられるでしょうか。

西郷隆盛は常に「天を相手にせよ」と言っていますが、今の時代は天を意識して生きる人

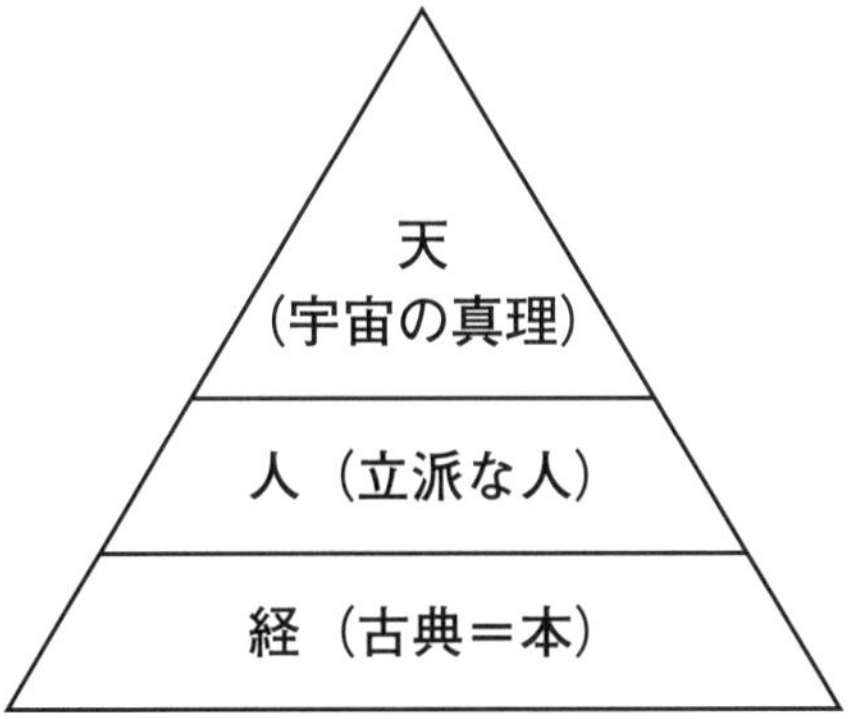

自分の軸を持とう

は少ないように思います。

天とは太陽のこと。太陽はすべてを明るく照らすので、公明正大な目がある。青天白日のもと、すべてが見通されている。太陽そのものが公明正大さのイデアのようなものです。「お天道様が見ているから、恥ずかしくないようにしなさい」というのが、昔の日本人の教えでした。太陽はいつも万物を照らすエネルギーの源で、公明正大さの象徴でもあったのです。

「凡《およ》そ事を作《な》すには、須《すべか》らく天に事《つか》うるの心有るを要《よう》すべし。人に示すの念《ねん》有るを要せず。（言志録3）——すべて事業をするには、天に仕える心を持つことが必要である。人に示す気持ちがあってはいけない」とも一斎は書いています。

現代人は、それぞれに自分の立場があり、

立場によって言うことが変わってきます。安冨歩さんの『原発危機と「東大話法」――傍観者の論理・欺瞞の言語』（明石書店）の中には、原子力問題を擁護する立場にいる人は、本心では疑問に感じていても、擁護説を唱えてしまうと書かれていました。そういう意味では立場主義ということになります。

たしかに人によって立場が違い、守るべきものがあるでしょう。しかし、それによって言うことや考え方まで変わるのでは、ダメだということです。

西郷隆盛は、常に天を相手に決断していたので、私心が入ることがありませんでした。器の大きい人間になるには、天を意識して生きること。あるいは歴史が判断するだろうという大きな気持ちでいることです。江戸から明治の日本人は、天が善悪の基準になっていました。心の中に天の意識を持つことで、流されない自分を保つことができたのです。

ライブで語った言葉を読む

「天」の次に来るのが「人」、その次に来るのが「経」、つまり「本」です。

本も大事ですが、やはり立派な人物が生きて動いているほうが、影響力は大きいのですね。実は『論語』や『聖書』は言行録です。「先生がこう言った」「こういうことをした」ということが記されています。

東洋でも西洋でも、最も力を持って世の中を作ってきた書物が言行録というのは面白いことです。本人が書いた本よりも、ライブで語った言葉が残るのです。

「狭き門より入れ」「右の頰を打たれたら左の頰を向けなさい」「一を聞いて十を知る」など、格言のようになった言葉が、『聖書』や『論語』にはたくさん入っています。

かつては実際に書いた文章より、その場で語ったいきいきとした言葉のほうが、生命力を持つと考えられていたので、書物を残そうとしない偉人もいました。ソクラテスがそうです。しかしプラトンが「ソクラテスがこう言った」と書き残したおかげで、彼の名前が後世に残ったのです。

本を読むときには、その人が〝今ここで語ってくれている〟と思って読むといいと思います。そうすると〝本の値段は安い！〟という気持ちになってきます。過去の偉人の本を読むのなら、言葉を記録した本から読むといいでしょう。

ゲーテであれば、エッカーマンの『ゲーテとの対話』（山下肇訳、岩波文庫）がおすすめです。これはエッカーマンという青年にゲーテが語った言葉です。ゲーテはエッカーマンを通して、自分の世界観や人間観をトータルで伝えようとしました。この本を手に取ると、ゲーテが今ここで語ってくれているような気持ちになります。

かつてはよく素読が行われていましたが、素読をするのも、その人が生きてよみがえってくる感じがするからです。だから声に出して読む、素読するということは、書物を生きた人間の言葉にする働きがあるのです。

学びは気質も変える

学を為すの効《こう》は、気質を変化するに在《あ》り。（言志耋録28）

──学問をする効能（効き目）は、人の気質を変えて、よくすることにある。

成熟すると気質が変わる

気質というのは、普通は変わらないとされています。しかし、よく考えるとそうでもないことに気づきます。

学生たちが大学を卒業し、社会人になって四〜五年経ってから会うと、それぞれに落ち着いた人物になっています。〝さすが社会人らしいなあ。大学の頃の、あの無謀な気質はどこに行った？〟と思うわけです。

彼らは「学生時代は目茶苦茶やっていましたね」と言います。そのときは気質だと理解していましたが、向こう見ずな感じは未熟だったから。周囲が見えなくて、ただただ猪突猛進に行動していたのです。

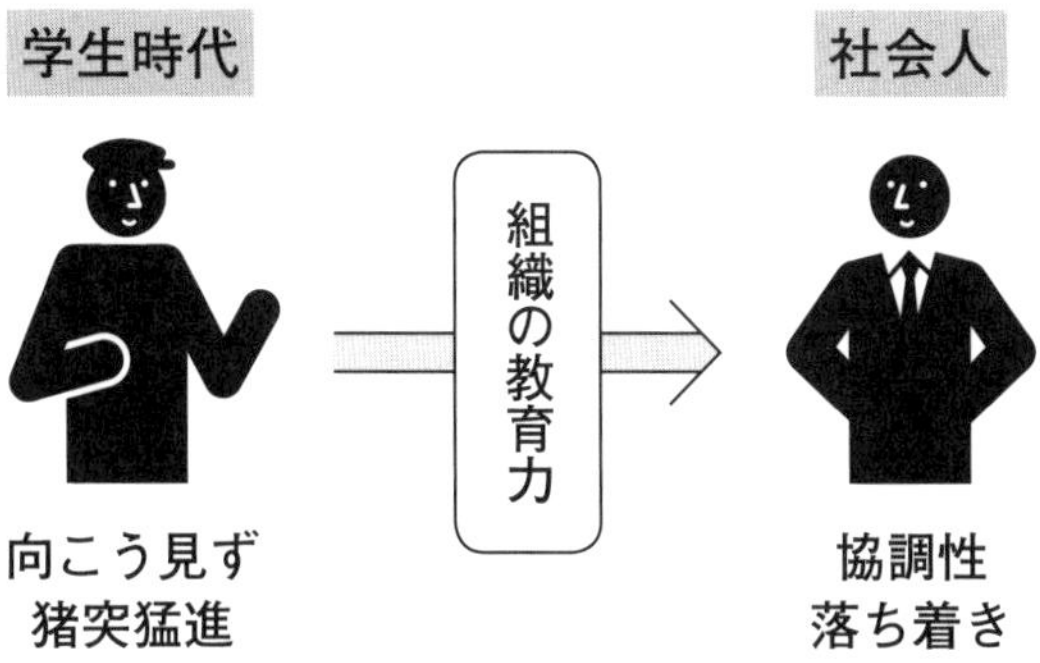

気質は学びと経験で変えられる

そういう人でも社会人になって五年もすれば、「先生、ここにちゃんと了承を取ってから動いたほうがいいですよ」というようなアドバイスを私にくれるようになります。「まさか、君がそういうことを言うようになるとはね」と感心するほどです。

会社というのは教育力があり、どんな人でも相当な部分で気質を落ち着いたものに変えてくれます。だから、会社に入らなかった人は、その機会を逃してしまうこともある。組織に入って仕事をすることによって、協調性が身につきます。

協調性というのも気質で、これがある人とない人では、ある人のほうが断然穏やかに見えます。穏やかでいることは、どんな職業においても大切なことです。

そう考えてみると、気質と思っているもの

は、未熟と成熟の差かもしれないと思うことがあります。たとえば、いつも大口を叩いているビッグマウスの人。小さい頃から自信過剰なのはいいのですが、現実を知るごとにそういう傾向は少なくなっていきます。これはやはり、成熟していくということでしょう。

師との出会いで気質は変わる

孔子の弟子たちにも、それぞれの特徴がありました。子路は血気盛んな乱暴者。「知仁勇」でいえば、勇が勝ってしまう人です。

中島敦の小説『弟子』（青空文庫）には、子路と孔子の関わりが描かれていて感動的です。子路は最初、本当に乱暴者だったのですが、孔子と関わることによって、勇気そのものは失われないまま、行動をコントロールできるようになっていく。

孔子はその人の弱点をちゃんと見抜いて、接していきます。子路に対しては「勇気が勝ちすぎたら無謀になるよ」、頭が切れて口が達者な子貢に対しては「頭がよすぎるだけではダメなんだよ」と言ったりします。

それぞれの人の弱点を突いて、「行きすぎはよくない」と言ってあげるのです。そのような言葉をかけてくれる人生のコーチがいると、人の生来持つものが生きてきます。私たちが気質だと思っているものも、よいコーチと出会ってアドバイスをもらったり、練習をしたりするうちに、変わっていくのかもしれません。

型から入る。それから変化する

武道は、型を練習します。型の動きというのは、あまり自然ではありません。しかし一万回、二万回と繰り返すと、それがむしろ自然に思えるようになります。

バスケットボールを題材にした漫画『スラムダンク』（井上雄彦、ジャンプ・コミックス）でも、「シュートをするとき素人は肘を開くけれど、右手を真っ直ぐにして左手を添えるだけだ。二万回練習すると自然にできるようになる」と主人公の桜木花道は、先輩や先生から教わります。先生に二万回と言われて、二万回やる。その訓練によって自然ではないと思っていたものが自然になるのです。

自分を律することができない子どもが、先生について剣道や柔道をやるうちに、「ちょっとうちの子、落ち着いてきたね」という変化が起きることはよくあります。気質といってあきらめてしまっている欠点も、練習によって変わっていくでしょうし、角が取れて丸くなったというのも、成熟ととらえればいいでしょう。

ここには、学問によって気質が変化すると書かれていますが、そもそもかつての学問は、人格的な成熟を目標にしていました。ですから、今でいう学問とは少しニュアンスが違うかもしれません。孔子のような師と出会い、学び続けると、人の気質はよいほうへと変化していきます。

勝ち抜くための縦横思考

心理は是《こ》れ竪《たて》の工夫、博覧は是れ横の工夫、竪の工夫は則ち深《しん》入《にゅう》自《じ》得《とく》し、横の工夫は則ち浅《せん》易《い》汎《はん》濫《らん》す。（言志晩録63）

——内面的に心の本性を追究するのは縦の工夫であり、外面的に広く書物を見ていくのは横の工夫である。縦の工夫は深く入って悟りの境地に至るが、横の工夫は表面的な知識ばかりで、あまり意味がない。

情報よりも、自分を大事に

心を深く掘り下げることを「縦の工夫」と言い、幅広くものを学ぶことを「横の工夫」と言っています。

普通は両方が必要だと考えるのでしょうが、ここにあるのは、外を眺めているばかりで自分の本質へと深く入っていかないのは危ういというメッセージです。つまり、横の工夫ばかりしている人を戒めているのです。

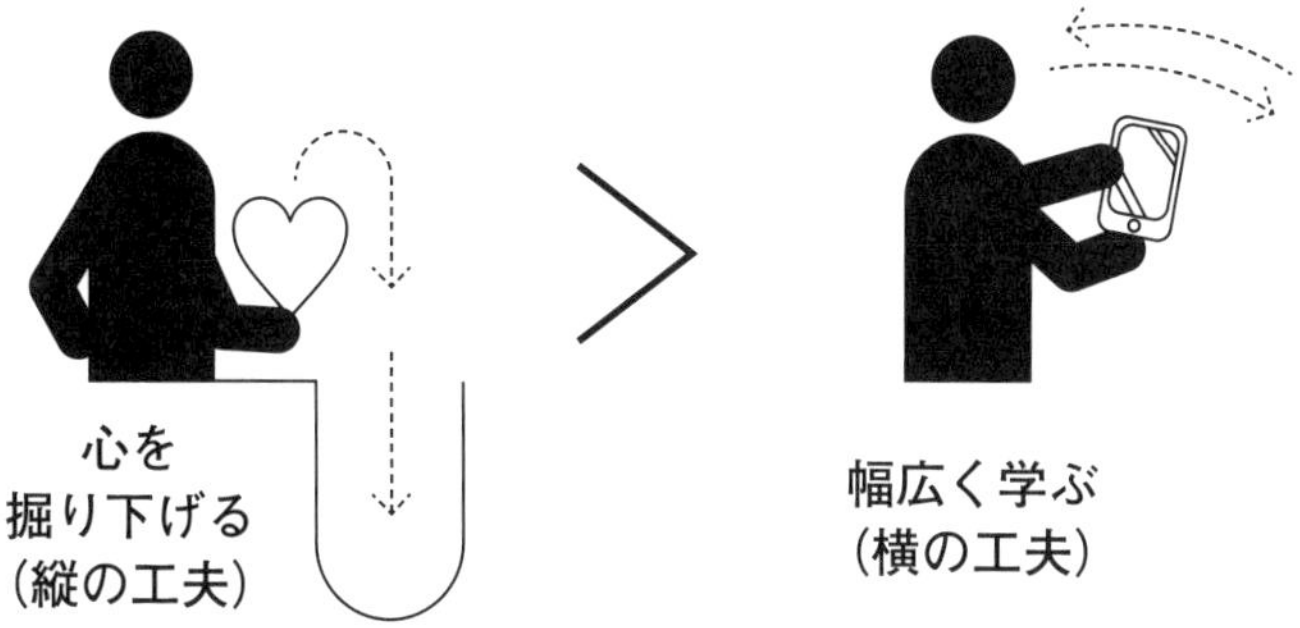

自分を掘って「自己本位」を手に入れよう

現代は情報社会なので、インターネットやスマホでみんなが情報を集めています。一日中ＹｏｕＴｕｂｅを見たり、ネットニュースを見たりしているので、外の情報にはやたらと詳しい。詳しいけれど、自分のやるべきことをやっていません。

大学生でも、やるべきレポートができあがらず、留年するかもしれないというのに、ネットサーフィンをしたり、ついマンガを読んでしまったりするのはよくあるパターンです。人は、ついつい自分の課題から逃げて、外のものに関心を向けて気を紛らわせてしまうきらいがあります。

世界中で起こっている面白いニュースや芸能ニュースなどを読んでいると、あっという間に一日が終わってしまう。ＹｏｕＴｕｂｅなどのハシゴをしていると、時間がいくらあっても足りません。SNSでは横の友達がどんどん増えて、際限がなくなっていく。全世界的スパンで、このような事態が飽きることなく続いています。

ハッと気づくと、縦がない。自分の垂直軸がない、ということになるのです。垂直の軸がない人間は、フラフラしています。自分の心に縦軸をちゃんと持ち、掘っていかなければなりません。

意外と知らない「自分の本質」

縦軸を掘り起こす重要性は、夏目漱石も『私の個人主義』（講談社学術文庫）という講演録の中で、「自分はフラフラフラフラしていたので、教師をやっていてもフラフラしていた。ロンドンに留学しても何をやっていいのかわからず、神経衰弱になりかけていた。先が見えない心の中に入ったような状態だった」といった内容を語っています。

そのとき漱石は、「自己本位」という四文字を手に入れ、自分がやりたいことをしっかりやろうと、縦の思考を始めます。それまでは、できるだけ英文学の本場である英国人の理論を学ぼうと思っていましたが、このやり方では、いくらやっても英国人の下にしかなれないと気づきます。

ずっと不全感があり、もやもやしていたのが「とにかく自分の考えを突き詰めよう。自分で英文学の理論を立てよう」と覚悟を決めたら、急に霧が晴れた。その一瞬で、神経衰弱から脱するのです。

漱石は、「自分のつるはしを使って、鉱脈で当たるまで掘り続けなければダメだ」「とにかく本物を、自分の本当にやりたいことが見つかるまで、掘り続けなさい」と、学生たちにも講演しています。

縦に深く掘る。自分自身を掘って、掘って、掘り進めることが大事です。そうすると、〝ここに自分の本当にやりたいことがあった〟〝本当の道が見つかった〟と、腹から思えることがある、と漱石は言います。

今は、横に横にと、とんでもなく広がってしまった時代なので、佐藤一斎が知ればびっくりするのではないでしょうか。インターネットは、この世のすべての情報が得られるような世界ですが、人間が本物の知識を得ているかというと、非常に微妙です。

しかも、みんなが精神的には脆くなっている。それは縦の掘り下げが足りないからです。しっかり自分を見つめ、掘り進めていかなければなりません。

学び続ける覚悟

一息《そく》の存《そん》する、学廃《がくはい》す可《べ》きに匪《あら》ず。（言志耋録はしがき）

――一息でもある限り、学びをやめるべきではない。

八十歳からの学び方

人生九十年、いや百年の時代に入ってきています。年を取ると、視力などはかなり衰えてきますが、今はタブレットパソコンもあるので、簡単に拡大できる。新聞の文字も大きくなっているので、読んだり聞いたりしながら一生学び続けていくことができます。

これは、『言志四録』の最終巻『言志耋録』のはしがきです。この言葉の前には、「**余《よ》、今年《こんねん》、齢《よわい》八耋《ちつ》に躋《のぼ》るも、耳目未だ太《はなは》だ衰《おとろ》うるに至らず。何ぞ其れ幸《さいわい》なるや。**」、後ろには「**単記《たんき》して編を成す。呼びて耋録《てつろく》と曰《い》う。**」とあります。「自分は八十歳になったが、耳も目もひどく衰えてはいない。なんと幸せなことだろう」「自分にとって、大事だと思った言葉を一つずつ書き記して一篇となった」という意味です。私たちの学びのヒントにもな

心に響く言葉を書き留め、自分のものにしよう

ります。

自分が〝いいなあ〟と思った言葉を、手帳に書き記しておく。スマホでもいいので書き写す。そうすれば、自分なりの『言志四録』ができあがります。西郷隆盛もそこから百一の言葉を選び、西郷流にまとめあげました。

私は『声に出して読みたい日本語』（草思社）を作ったとき、「この文章は、次の世代に伝えたいかどうか」という基準で選んできました。選ぶ作業は非常に楽しいものです。自分自身の思いついたことを書き留めたり、〝これはよい言葉だな〟と思ったものに印をつけておく。そうすると、学んだまとめができあがります。

学び続けることの大切さは、いくつになっても感じられるものです。

遅すぎるということはない

先日、大学入試で林羅山の文章を題材にした問題を採点したのですが、林羅山が高齢になっても衰えることはなく、少年のような志でいかに勉強をし続けたか、というくだりがありました。「勤勉」がキーワードになっていたのです。

そういう姿勢を知ると、周囲も自然と影響を受けるものです。四人で採点していたのですが、回答が勤勉を記したものなので、だんだん採点チームも勤勉になり、休まず採点を続けたということがありました。林羅山の勤勉さに、つい影響を受けてしまったのです。

葛飾北斎は、高齢になってから「ようやく絵というものがわかってきたから、百歳、百二十歳になったら自分の絵が完成するかな」と語りました。すでに北斎は大御所でしたが、本気でそう語っている。高齢になっても学び続ける覚悟が、ごく自然に備わっている人がいるのです。

学問というのは、志す時点から始まるものです。「もう七十歳だし、本を読むのも大変になった」などと言わず、タブレットなどで拡大しながら学び続けていただきたい。会社を退職した六十五歳や七十歳で学問に向かうのもいいですし、子育てが終わってようやく自分の好きな勉強ができると考えるのも、いいと思います。

耋録の耋は、八十歳という意味です。今までは、八十歳というと人生のゴール地点のイメージでしたが、いよいよ勉強していく。そして、最後の一息まで学び続けていくのです。

自分の血肉にする読み方

経《けい》を読むには、宜しく我れの心を以て、経の心を読み、経の心を以て我れの心を釈《と》くべし。（言志晩録76）

――経書（儒教の教典）を読むには、自分の心で経書の真意を読み取り、また経書の真意で自分の心の解釈をするのがよい。

ただ本を読むだけでは何も身につかない

本の読み方についてのアドバイスです。

本を読むには、「まず自分の心で、その本の言いたいことを読み取りなさい」。次に、「その本の言いたいことで、自分の心を解釈しなさい」とあります。この二つを行うことで、本の本質を理解することができます。

私は本を読むとき、三色ボールペンを持ちながら読みますが、すごく大事なキーワードは赤で丸をつけ、まあ大事なところは青でチェックし、面白いと思ったところには緑でラインを引いたりしながら読んでいます。

そうすると、自分の心を関わらせて本を読む習慣がつきます。せっかく読んでも、何もチェックしないきれいなままの本は、私の場合、自分の心に食い込んだものが何なのか、わからないまま終わってしまいます。

たとえば図書館から借りてきたときがそうですが、きれいなままで図書館に返すと、読み取ったことが消えてしまうような気がするのです。だから、大事だと思った本は必ず手元に置いています。しかも、自分で三色ボールペンで書き込んでいないと落ち着きません。本が見当たらなくて、新たに同じ文庫本を買ってきたときにも、何か落ち着かないものを感じます。

自分が心を関わらせて読んだ本は、いわば心の網ですくった魚が、三色に浮き上がって見える。それが、私のやり方です。

これをやると、本は自分だけのものになります。古本屋には売れませんが、かなりの量の本を売っても、今はびっくりするくらい買い取り価格が安いので、売ることなど考えないほうがいいでしょう。

自分のところに来た本は、自分のところが終着駅だと思って書き込みをします。自分の心に何が引っかかったか。その引っかかってきたもの、自分に食い込んできたものを、逃さずとらえるのです。

ここで
言いたいことは
何だろう？
自分の心を
解釈するには

線を引きながら読むと本の真意をとらえられる

これは、一種の狩猟感覚です。ぼんやり読むのではなく、文字を〝捕まえてやる〟という気持ちで読む。そうすると、本の真意をとらえやすくなります。

ニーチェは、「血で書かれたものは、そらんじられることを望む」と言いました。血で書かれたというのは、著者が命がけで書いた言葉。それは、ただ読まれるのではなく、暗唱されることを望んでいる。だから「私はただ読書する者を、怠け者を憎む」と言っています。

要約の前にペンを持て！

今は、読書をするだけでも立派な時代ですが、もっと自分を関わらせて、それを覚えてしまうこと。自分の心に言葉が食い込むと、今度はその言葉によって自分の心をチェックできるようになります。

「はじめに」でもふれましたが、西郷隆盛は佐藤一斎の『言志四録』の言葉を徹底的に自分に引きつけ解釈し、『手抄言志録』としてまとめました。この抜き書きした言葉によって、今の自分はどうなのか、と心を整えていったのです。

自分自身に迷いがあるときに本を読むのは、よいことです。そうすると、〝これは、今の自分のことだ〟と気づきます。聖書や論語の場合はどこを読んでもハッとするし、〝自分のことを言っている〟と思わせます。いろいろな本が、自分を知る鏡のような役割を果たしてくれるのです。

これが読書のよさなので、ただ要約するだけではダメなのです。ぜひ、実際にペンを持って手で書き込みしながら、本を読んでみてください。最初は〝本にラインを引くなんて……〟とドキドキしますが、思い切ってやってみると、自分が選び取った言葉が自分の武器になって返ってきます。勇気を持った読書を、おすすめします。

インプットしたら即アウトプット

凡《およ》そ教《おしえ》は外《そと》よりして入《い》り、工夫は内よりして出《い》づ。（言志後録5）

――すべて教えは外より入ってくるものであり、工夫は自分の内から考え出すものである。

人からの情報を積極的に

「教えは外から入ってくるもの」「工夫は自分の内から出るもの」と考えてみるとすっきりします。「インプット」「アウトプット」と言い換えてもいいでしょう。外から入ってくる教えがインプット、自分の内から出ていく工夫がアウトプットです。

外から入ってくるものが少ないと、物事を知らないことになる。世間知らずというのは、いちばん怖いことです。

福沢諭吉は「大事なのは相場を知ることだ」と言いました。相場とは、世の中ではだいたいこうなっている、ということ。ある業界に入ったら、まずは業界の常識や業界の相場を把握することが大切です。

外から知識や教えをインプットするには、まず経験値の高い先輩と親しくなるといいでしょう。一、二度一緒に飲みに行くと、気心知れた関係になり、業界や組織内での教えが入ってきます。しょっちゅう飲む必要はありませんが、最初は飲み会に誘われたらどんどん参加したほうがいい。周辺情報をいろいろと聞けるからです。

そのような場所では、「あの人だけについて行くと、危険だよ」と耳打ちされることもあります。それは陰口というわけではなく、組織の状況がわかるということです。社内でのそれぞれの立ち位置がわかっていると、変なことを言って誰かの逆鱗にふれることもなくなります。そのためにも、外からの情報を入れておくのです。

身近なところで、すぐにアウトプット

一方、自分の内側から出てきたアイデアは、外で試してみることです。まずは自分の身近な範囲の小さい規模で試してみる。また、思いついたことは何人かにアンケートのようにして聞いてみるのもいいでしょう。

「実験してもいいですか？」と小さい範囲で試してみて、やっぱりダメなら、やらない方向に行くというのもありです。

コンビニエンスストアでは、常に商品の入れ替えや置き場所の実験をしているそうです。

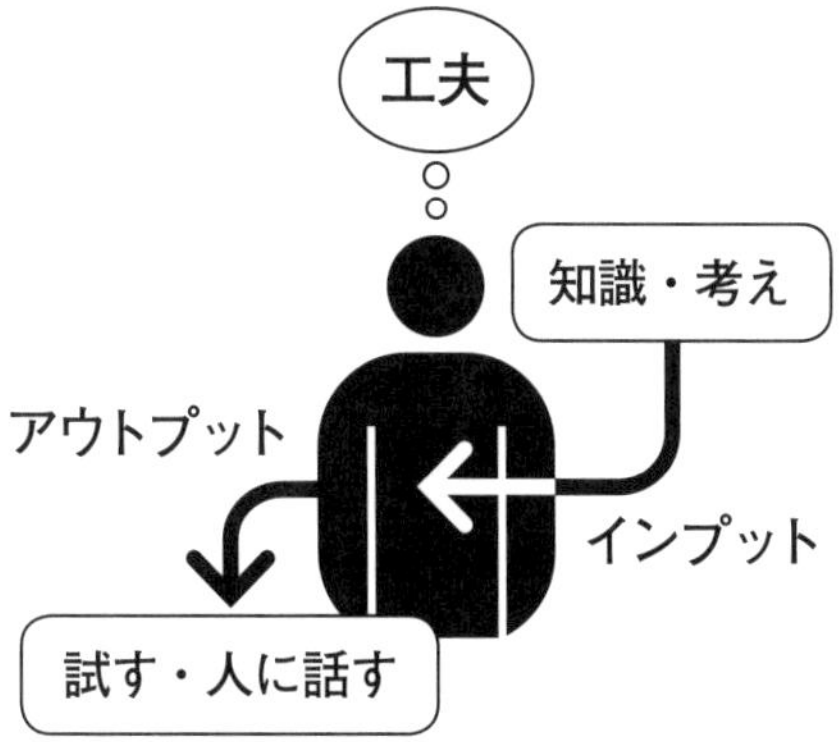

インプットはアウトプットの手段にすぎない

入ったところに雑誌を置くのがいいのか、奥のほうがいいのか、両方試して人の流れを見て、売上を見て、調整していく。アイデアがあったら、まず試すのです。

これは、ガリレオ・ガリレイがやった近代科学の方法です。ガリレオは、「重いものと軽いものとでは、重いもののほうが早く落ちる」というアリストテレスの考え方に対して、「そうかな?」と疑問を持ち、実験をしました。

実際に上から落とすと速すぎてわからないので、斜面に大小の球を転がしてみた。そして、同じであることを証明するのです。自分の内側からアイデアが生まれたら、外で試す実験精神はとても大事です。科学においても、「工夫」がキーワードになります。

内外の循環をよくする

本やインターネットで調べるのは、外から教えを請うことです。自分の中に入ってきた教えは、自分の頭でろ過していきます。

〝本当なのかな、間違っていないかな？〟とチェックしながら読んでいく。そこに書いてある教えを盲信するのではなく、経験値に照らしてバランスよく吸収していくことでしょう。

内と外との循環をよくしていくと、自分が「容器」のようになっていきます。大量の教えをインプットし、大量のアイデアをアウトプットしながら、変換機のように仕事をする。そのやり方は、一流の人の中に見られます。

仕事の依頼があったとき、条件が厳しければ厳しいほうが、仕事がしやすいと考えるのが一流の人。しばりがあるほうが、そこに自分の工夫ができるからです。

作詞家の松本隆さんとテレビで対談したとき、化粧品会社のCMソングの歌詞を作るのに、そのときのキャンペーンのキャッチコピー「セクシャルバイオレットNo．1」を入れてくれ、と言われた話を聞きました。

松本さんは、「情熱の朱、哀愁の青」、それを混ぜたらバイオレットになるということで、歌詞の最後にさりげなく「セクシャルバイオレットNo．1」と入れていたそうですが、できた曲を聞いてみたら、どうもクライアントのイメージと違う。もう一度工夫して作り直した曲が、桑名正博さんの歌った「セクシャルバイオレットNo．1」でした。

そのフレーズを、むしろサビの部分にバンバン出していく。そうすることで、「あんなよい曲になった」と本人が語っていました。

一流のプロは、どんな依頼に対しても何とかする力があり、なおかつ多くの人に知らしめる力があるのだと思いました。

真似して盗め

能《よ》く疑似《ぎじ》を弁《べん》ずるを聡明と為《な》す。（言志耋録73）

――疑わしいものをよく見分けることを、聡明という。

たくさんの本物にふれる

何かを行うとき、メリットとデメリットを考えて「デメリットのほうが多いのではないか」と吟味できる人は、聡明であると書かれています。

難しいのは心の働きです。この気持ちは怒りなのか、どうなのか。自分の心が揺れ動いているときの判断は難しい。疑似というのは、似て非なるものです。それを見分ける鑑識眼を持てば、たいていのことはうまくいきます。

ある程度のまとまったお金を持っている人が、財テクをやりたくなって金融商品を見たとします。〝これはいけるか〟〝これは危険なものか〟を常に吟味しなければなりません。その吟味ができると聡明ということになりますが、できないと大変なことになって、元本

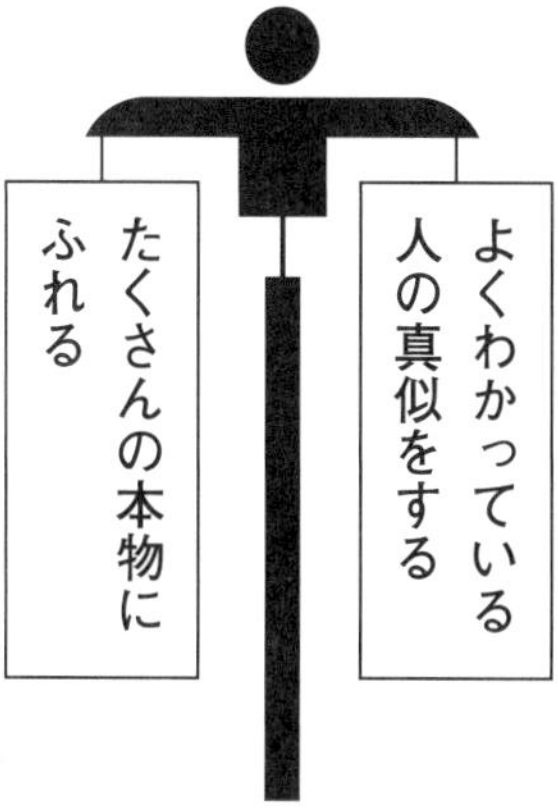
よくわかっている人の真似をする
たくさんの本物にふれる

真の聡明を手に入れよう

を失ったりします。

しかし、総じて金融商品というのは、ある程度ハイリスクを冒さないと、ハイリターンも望めません。そこで〝これはどうなのだろうか？〟と選り分けて弁別する習慣自体が大事になります。

そのときの一つのポイントは、よくわかっている人の真似をしてみること。その人の鑑識眼を学ぶのです。

これをやったのが、千利休です。利休は、器などのよいものをとにかく見ていった。たくさん見ると目が慣れて、何が美しいのかわかるようになり、真贋を見分けられるようになっていきます。利休はこうして鑑識眼を鍛えた上で、「これが本当の美です」と言って、真っ黒い茶碗などを見せました。

それまで、真っ黒い茶碗を美しいと言った

人はいませんでしたが、利休が言うと美しい感じがします。利休が美意識を提案することによって、新しい本物が生まれていきました。しかし彼自身、最初はとにかく本物をたくさん見て学んでいたのです。

自分にとっての「本物」を見つけよう

美術品などもよいものばかりを見ていると、真贋がわかるようになるそうです。よいものと悪いものを見るのではなく、超一流のものばかり見る。そうすると、贋物を見たときに〝これは画家本来の力がないな〟とか〝生命力がないな〟など直感が働くようになり、わかるようになってきます。

たとえば歌を聴いて〝この人は、歌はうまいけれど心に響かないな〟という歌手と〝ちょっと音程に不安なところがあるけれど、妙に声が響いてくるな〟という歌手がいます。本当に心のある歌を聴いていると、歌は心だとわかってきます。

ネットのレビューなどを見ていると、「藤圭子だけが本物の歌手だと思う」などと書いているファンがいます。もちろん他にも歌のうまい人はいるでしょうが、その人にとって、本当に心がある歌い手は、藤圭子さんなのですね。

私は今、中森明菜さんに改めてハマッていて、新しいCDも聴いて感動しています。

本物か、偽物か。それは「自分にとっての」でいいのです。たくさん聴いて感じ取っていくと、本物がわかるようになる。「この人！」というものを見つけた場合、それは聡明と言えると思います。

ただし、狭い世間の中での場合は聡明とは言いません。どうやって広い世界を聴き分けていくかというと、クラシック音楽などの場合は、同じ曲のさまざまなＣＤを集めて聴くといいでしょう。

宝石でも何でもそうですが、いろいろなものを横に並べると、本物かどうかがわかりやすくなります。本当に優れたものをたくさん見ること。小説ならドストエフスキーの『カラマーゾフの兄弟』など古典をたくさん読むと、小説とはこういうものだとわかります。本物にふれることで、真の聡明を手に入れてほしいと思います。

本物を見抜く

真勇《しんゆう》は怯《きょ》の如《ごと》く、真智《しんち》は愚《ぐ》の如く、真才《しんさい》は鈍《どん》の如く、真巧《しんこう》は拙《せつ》の如し。（言志耋録239）

――真の勇者は慎み深いから臆病者のようだし、真の知恵者はよく考えるから愚者のようだし、真の才人は容易にその才を示さないから鈍物のようだし、真の巧者は素人にはその巧さがちょっとわからないから、下手なように見える。

真のものは反対に見える

本物というのは、そのイメージの反対に見えると書かれています。

たとえば、真の勇者というのは、臆病者に見える。なぜなら、戦いにおいては「ここが勝利の極限」だと思ったら、欲をかかず勝利を確定させるから。賭け事でも「ここで止めておこう」と手を引きます。だから、臆病者に見えるのです。

しかし、肝心なところで止めることができず、どんどん突っ込んでしまうと、結局勝っ

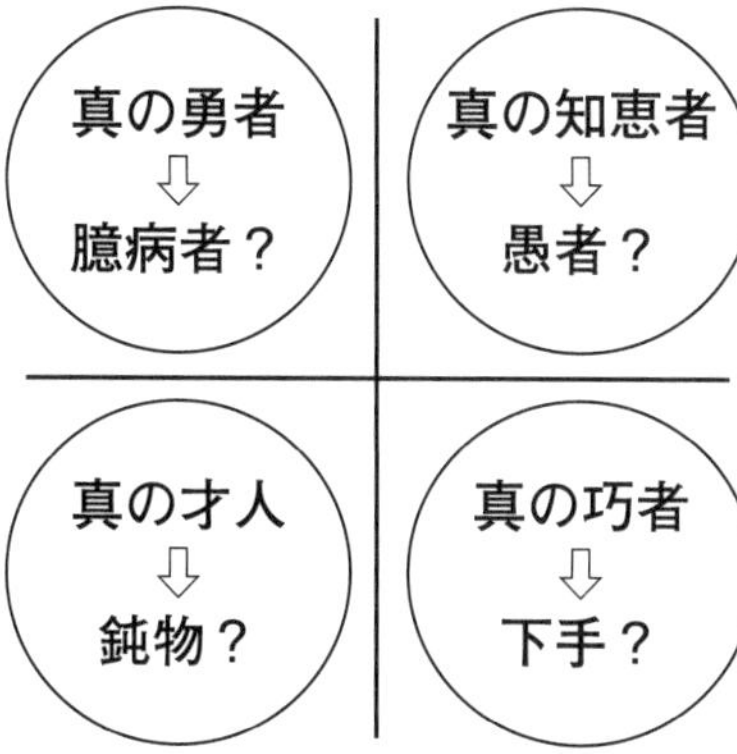

本物はどこかにぎこちなさがある

ていた分も失ってしまうことになります。

大日本帝国もそこで失敗しました。富国強兵に成功し、調子に乗って行きすぎてしまった。伊藤博文らの元老は止めようとしましたが、若い世代が勢いに乗って大陸にどんどん進攻してしまったのです。そもそも戦争自体がよいことではありませんが、真の勇気とは、むしろ踏みとどまることだと教えられます。

また、真の知恵者は、非常に深く熟考しているため、鈍く見えることがあります。

ノーベル賞を取っているような人の中には、「自分は必ずしも秀才とは呼ばれなかった」と言う人がいます。

小柴昌俊さんは東京大学の物理の先生で、大変優秀な人ですが、「自分は優秀と言われたことはない」とおっしゃっています。そして、カミオカンデのようなすごいものを作ってしまった。

私はテレビで見たことしかありませんが、きっと本物を見たら驚愕するようなレベルでしょう。そこで今まで誰もとらえたことのないニュートリノをとらえるというのですから、周囲から見ると途方もなく、愚に近い感じだったのかもしれません。

そして、人類で初めてニュートリノをとらえたことで、ノーベル賞を受賞されました。

このように、他の人から見ると〝愚かもしれない〟と思うような人が、やがて成功するケースがあるのです

ゴッホもモネもセザンヌも下手だった？

美術界で言えば、ゴッホも愚と思われていた一人でしょうし、モネの印象派の絵も、最初は「こんなものは絵ではない」とボロカスに言われ、セザンヌも絵が下手だと言われていました。

セザンヌは、サロンに出品しても落選に次ぐ落選。私たちからすると「セザンヌを落とすなんて何事？」と思いますが、うまいか下手かで言えば、セザンヌは下手だと思われていました。

それは、あまりにも才能が巨大だったから、下手に見えたのです。現代絵画というのはセザンヌが切り拓いていきますが、真の才能というのは、突き詰めていくとゆるく見えた

り、変だと思われたりするものかもしれません。

『徒然草』には、「妙観が刀は、いたく立たず」と書かれています。妙観とは名工の名前ですが、真の名工は少し鈍い刀を使っている。これは比喩なのですが、名工がいかにも切れ味鋭いものを使うと、それは薄っぺらく見えてしまうのです。本物とは、どこかにぎこちなさが残るものです。

たとえば、哲学者のバートランド・ラッセルは『ラッセル幸福論』（安藤貞雄訳、岩波文庫）の中で「本当の古典にはつまらないところがある。旧約聖書などは退屈で、今の出版社に持っていっても、どこも出版しないだろう。『戦争と平和』などの名作も、退屈な部分がある」と語っています。いかにもうまく作ったものではなく、拙いところがあるものが、本当の名作になり得るのかもしれません。

拙というのは意外に大事で、そこが何かの引っかかりとなって味になる。素人にはそのよさがわかりにくいので、下手に見えるのでしょう。

真のものは反対に見えるというのは、面白い視点です。そういう視点でいろいろなものを見ていくと、物の見方が変わってくると思います。

第四章　人とのちょうどいい距離感——人間関係力

上機嫌はたしなみ

春風《しゅんぷう》を以《もっ》て人に接し、秋霜《しゅうそう》を以て自ら粛《つつし》む。（言志後録33）

――春風のなごやかさをもって人に接し、秋霜のするどさをもって自らの悪い点を正し、改めよう。

機嫌はコントロールできる

人と接するときには、「あの人はいつも春風のようだね」と言われることを目指しましょう。これは、穏やかに過ごす、あるいは上機嫌に過ごすということです。

平成の天皇陛下と皇后陛下は、この言葉の通り、いつも穏やかに春風のように人と接しておられます。国民みんなが〝こういう穏やかで、誠実で、気持ちのこもった人になりたい〟と思うようなお人柄。被災地などに赴かれるときの対応など、端々に表れています。

また、春風というと、私は落語家の春風亭昇太さんを思い浮かべます。春風亭という名前がとても合っている方だなと思うからです。

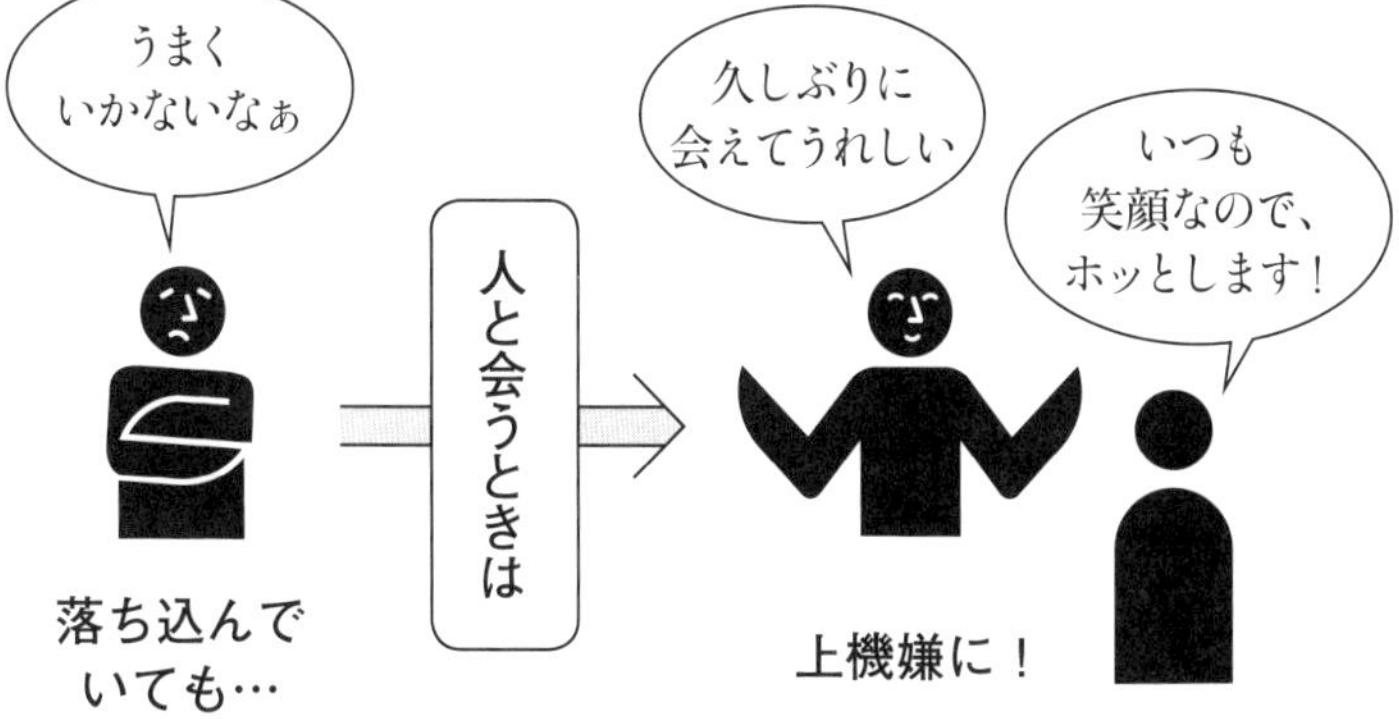
うまく
いかないなぁ
人と会うときは
久しぶりに
会えてうれしい
いつも
笑顔なので、
ホッとします！
落ち込んで
いても…
上機嫌に！

機嫌のよさは安心感を与える

彼は、春風のようにのほほんと穏やか。最近「笑点」の司会者になりましたが、伝統ある番組で、司会者はいわば代表者です。

今までの司会者は、談志師匠、円楽師匠、歌丸師匠と、それぞれに風格がある落語家でした。それに比べ、昇太さんは年齢よりもとても若く見えるので、タイプが少し違います。しかし、やってみたら視聴率もよいので、プロデューサーはきっと〝昇太さんを抜擢してよかった〟と思っているでしょう。

昇太さんが司会になった「笑点」は、軽やかで和やかな雰囲気です。お会いしたことがありますが、表裏のない感じで、やはり春風亭という名前がぴったりな人だなと思います。

私自身は、「上機嫌」と書いたTシャツを作ったことがありました。このTシャツを着ていると、やっぱり不機嫌にはなりづらいのです。

人間だから、当然気分が悪いときや調子が悪いときがありますが、人と接するときは「春風のように」と心がけていると、落ち着いた人柄に見えます。

みなさんの周りにも、春風のような人がいるはずです。いつも機嫌がよい人でも、あとから聞いてみると「あの時期は大変だった」ということもあります。それでも、穏やかにいられるのは、機嫌のよさを身につけているからです。

自分を厳しく鍛える秋冬

一方、自らを慎むときには「秋の霜の厳しさで」と書かれています。秋から冬にかけては、身が引き締まるような季節。思い出すのは高村光太郎の詩です。

「冬が来た」　高村光太郎

きつぱりと冬が来た
八つ手の白い花も消え
公孫樹《いてふ》の木も箒《ほうき》になった

きりきりともみ込むような冬が来た
人にいやがられる冬
草木に背かれ、虫類に逃げられる冬が来た

冬よ
僕に来い、僕に来い
僕は冬の力、冬は僕の餌食だ

しみ透れ、つきぬけ
火事を出せ、雪で埋めろ
刃物のやうな冬が来た

高村光太郎は自分を鍛えるものとして、厳しい冬にウェルカムと言い、「僕に来い」と迎え撃つ気持ちを表しています。春夏は、気持ちが晴れやかに外に向かいますが、秋冬は自分の世界に深く埋没していきます。内省的になって考えが深まる人もいるし、読書をしたくなる人、受験シーズンなので勉強をしたくなる人もいるでしょう。

秋冬は、自分を厳しく鍛える季節として、受け止めるといいと思います。

人とは音楽のように調和する

気導《きみちび》いて体随《たいしたが》い、心和《こころわ》して言順《げんしたが》わば、挙手投足《きょしゅとうそく》も、礼楽《れいがく》に非《あら》ざるは無し。（言志耋録60）

――気が動くにつれ体が動き、心が和やかで、言葉もこれにならって素直であれば、すべての挙動は礼儀にかなう。まるで、音楽のようである。

気が満ち、体を導く感覚

私たちは、頭で考えて行動すると思っていますが、ここにあるのは「まず、気から導かれていく」という考え方です。気が動き、次に体が動いて、心が和やかで、言葉がしたがっていく。すべての動きが礼儀にかなっていて、音楽のようだとあります。

礼楽というのは、礼儀作法という意味もありますが、儀式などで礼を守るときに演奏される音楽でもある。礼楽が表現しているのは、「調和」ということでしょう。

音楽の世界では、調和がとても大切にされます。バンドの演奏も、ピタッと決まるとほ

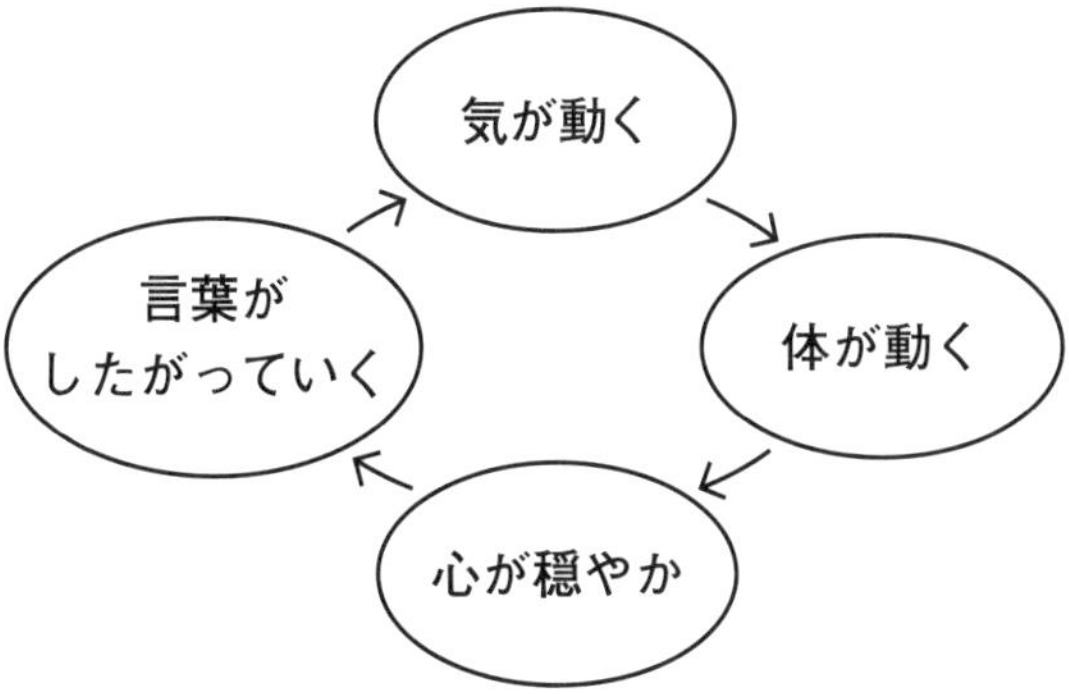

自分に合うリズムを知って周りと調和しよう

れぼれしますね。そういうときは、気が導いて体が動いている。何人かのセッションでは、気が一体になって、よい動きになっていくことがあります。

頭で考えるというより、気が満ち、体を導いていく感覚。これがわかると、音楽のみならず、他の人とも合わせやすくなります。

「意気投合」と言いますが、仕事をしていても「これをやろう！」となって気が一体化すると、「じゃあ動こう！」と進んでいきます。

学生たちも何かをする前に、集まって飲み会などを開くと気や心がほぐれやすくなり、その前後ではまったく違う雰囲気になります。合宿をすると、また雰囲気が変わります。ここで気の調和ができれば、自然と体が動くようになり、言葉も出てくるようになります。

現代は、パソコンでインターネット上のや

りとりばかりしている時代なので、気や心の動きがなおざりにされています。チームとしてちゃんと気が調和しているかと問えば、まったくチーム内のメンバーについて知らない場合もあります。

雑談で「気」を交流

私はコミュニケーションがテーマの講演依頼が多く、職場のコミュニケーションを活性化させるにはどうすればいいかとよく問われます。これは、何人かが集まったとき、ちゃんと雑談できるかどうかだと思います。雑談をすると、気が交流するからです。

仕事の話だけではなく、「最近どう？」「お子さんは大きくなった？」「ワンちゃんは？」「昨日の番組見た？」などと何でもない会話をして、場を和やかにする。それが、気を調和させることにつながり、全体が動き出します。雑談によって、気は整えられると私は思っています。

雑談もできないような殺伐とした雰囲気のチームでは、そこにいても気分がよくありません。

トヨタのような大きな会社では、運動会や駅伝大会などが大切にされていますが、これは部署ごとの一体感が生まれるからです。一見無駄なように見えるキャンプや、くだらないと思える飲み会などでも、みんなでやれば気が動いていく。気や心を調和させる何かがあるのならば、それはやったほうがいいと私は思います。

古代ギリシアのピタゴラス学派では、この宇宙《コスモス》は調和（ハルモニア）だとしていました。その象徴が音楽でした。

音楽にも調和は不可欠なので、みんなで音楽をするのも一つの方法です。みんなで合唱をしたり、踊ったりしていると、調和する雰囲気が生まれ、すべてが「礼楽」になっていきます。

これからは包容力

人を容《い》るる能《あた》わざる者は、識量浅狭《しきりょうせんきょう》なり。（言志耋録13）

――人を包容することのできない人は、見識も浅く度量も狭い。

度量の大きな器を作る

この言葉の前には「**古《いにしえ》の学者は、能《よ》く人を容る。**」とあります。昔の学者は包容力があるということで、「容」の文字が使われているのです。これは容積の容でもあるし、入れ物ということでもあります。器が大きい感じが伝わってきます。

西郷隆盛は、人を入れる器が非常に大きな人だったと思います。西南戦争で武士たちの思いをその器に入れ、最後の思いを引き受けた。彼は、とんでもなく大きな器の持ち主でした。

人を入れることのできない人は、見識も浅く度量も狭い。つまり、人は見識が深くなると、意見を受け入れる器も大きくなるのかもしれません。見識が狭い人は、自分の考えに凝り固まってしまい、他のものを入れることができません。

たとえば、私の大学時代は、マルクス主義の強烈な先生方が何人もいました。そういう先生に教わった学生と話すと、「マルクス主義以外は認めない」という人がいて、議論になりませんでした。

マルクス主義もやるけれど、近代経済学もやったり、あるいはマックス・ウェーバーも勉強したり、スターリンの実態について知ったり、いろいろなことを勉強していれば、見識が広いので対話のしようもあります。しかし、意見が対立する人、対立しそうな人とは話ができないというなら、やはり見識が狭いのです。

物事にはいろいろな見方があり、マルクス主義的な見方によって見えてくるものもあります。たとえば、ピケティが『21世紀の資本』(山形浩生他訳、みすず書房)で書いたように、今は働く価値よりも資本を持っている価値のほうが大きくなっているため、格差社会が拡大しています。ここではマルクス主義の見方も必要です。

心理学も同じで、さまざまな見方を持っていたほうがいい。「フロイト主義者」になるよりも、アドラーの考え方を知っていたり、ブリーフセラピーの考え方も知っていたほうが、物事を総合的にとらえられます。

非寛容の時代

現代は、人の意見を受け入れることができない、非寛容、不寛容の時代になってきています。ネットのレビューなどを見ていても、他人のことなのに「人として絶対に許せない」など、みんな結構強い言葉を使っています。これは、もしかしたら物の見方の狭さからきているのではないでしょうか。

許せないと言われている人たちの多くは、罪を犯しているわけではないし、たとえ犯罪者だとしても、それはそれで裁かれていきます。法的に罪のない人に対して第三者が「絶対に許せない」と言うのは、感情が強く出すぎでしょう。

見識の狭さがそうさせるのだとしたら、入れ物の容量を大きくしていく練習も必要です。度量の大きな器を作る。西郷隆盛のように、人の言っていることをじっくり聞き、「Aさんには A さんの、Bさんには B さんの、C さんには C さんの考え方がある」。それらを全部入れ込んで、「ここは私にひとつお任せいただいて」と言って、話を引き受けるのです。

器を大きくする練習

見識が浅く度量も狭い、すぐに「許せない」と言ってしまう人は「小人」ということになるので、自分がその言葉を口にしそうなときには、ハッと立ち止まってひと息入れてみるといいでしょう。

それぞれの考えを一旦受け入れ、総合的に判断を

その人とは意見が違うけれど、そう言う動機が何かあるのだろう。さかのぼって動機を考えてみると、〝この人は、こういう立場だからこういうことを言うのだ〟とわかっていきます。

物事というのは必ずしも、「正しいか、正しくないか」だけでパシッと割り切れるものではありません。裁判官ですら、どういう動機で罪を犯したのか、どういうふうに反省をしているのか。刑を軽くしてしまったらどうなるのか。さまざまな角度から考えています。

利益の量を測る「利益衡量」という考え方があります。どちらを勝たせるとどのような利益があり、その利益をかみ合わせて総合的に判断すると、どちらがいいかという考え方です。実際、裁判官の中にもこの考え方があるのです。

たとえば「離婚したい」と言うとき、夫の考え方、妻の考え方を片側からだけ聞いているとわからないところが、双方から聞くと納得できるようになります。片側だけ聞いていると、間違ってしまうことがあるのです。

自分の器を大きくする練習として手っ取り早いのは、意見の対立するものがあったとき、両方の意見を聞くことでしょう。そして総合的に判断する。書物でも、右寄りの内容も左寄りの内容も関係なく読みながら、それぞれに言いたいことがあることを知ると、中庸のポイントが見えてくるようになります。

まずは、頷きながら人の話を聞くこと。「そういう考え方もあるね」「なるほどね」と言いながら、さまざまな意見を聞く習慣を身につけるといいと思います。

入り込みすぎず、突き放しすぎず

人の我れに就きて事を謀《はか》らば、須《すべか》らく妥貼《だちょう》易簡《いかん》にして事端《じたん》を生ぜざるを要すべし。（言志晩録250）

——人が自分に相談に来たときには、穏やかに、手短に自分の考えを述べ、争いの種となるようなことを言わないようにする必要がある。

「妥貼易簡」を実践

人から相談を受けたときの心得が書かれています。

「妥貼易簡」が、キーワード。妥貼易簡の「妥貼」とは、穏やかであること。「易簡」とは、簡単ということ。つまり、自分の意見を穏やかに手短に言って、入り込みすぎないことでしょう。

このあとには、「**若《も》し穿鑿《せんさく》を為すに過ぎて、己れの才智を逞《たくまし》うせば、却って他《た》の禍《か》を惹かん。殆ど是れ不智《ふち》なり。**」と続きます。「穿鑿」とは、穴のないところに穴を穿つことです。事細かに穴をほじくって詮索したり、自分の才智をたくましくしすぎると、かえって他の災いを招いてしまいます。「殆ど是れ不智なり」というのは面白いですね。

相談を受けた人が、経験があって頭もいい場合、ついつい深みにはまって、事細かに内容を聞き、指示を出してしまうことがあります。あるいは、経験がそれほどなくても、その人自身の考えで、指示を出してしまったりもする。そうすると、あとで揉め事になり「あの人が、ああ言ったからこうなった」というトラブルが起きてしまいます。

たとえば、夫婦問題について相談されて「もう、そんなことなら別れたほうがいいよ」と言ったとする。そうすると、必ず別れたあとに恨まれます。そこはハッキリと言ってはいけないのです。

相談を受けた人は、自分の力量を基準にして、ものを言いがちです。でも、相談している人の力量ではそれができない場合があります。「こうすればいいよ」と言っている人にはできても、アドバイスを受けた人がそれをできるとは限りません。

相手の本心を見極める

相談を受けたときは、まず、相手が本当にどうしたいのか、対話の中から見つけ出すことです。「会社を辞めたい」と言っているけれど、本当に仕事を辞めたいと思っているのだろうか。それとも、仕事の種類を変えてほしいだけだろうか。どちらなのだろう。

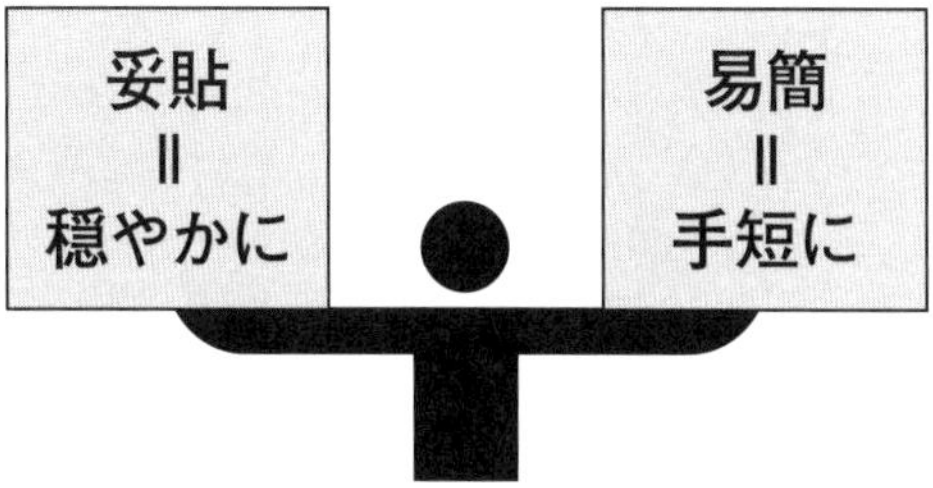

相談事には真摯に対応を。決して入り込まない

「○○なら辞めたほうがいいよ」というよりも、「○○だったら△△になるけれど、どうだろう?」というように、軽く質問を投げかけながら相手の答えを導いていく。プロセスに寄り添う気持ちでいるのがいいでしょう。

私は、ラジオ番組の電話人生相談を担当したことがあります。一所懸命、相手の話を整理して、いろいろなアドバイスをしたのですが、その人にはあまり納得してもらえませんでした。

というのは、相談者には「こうしたい」ということが、実はすでにあるからです。自分の考えに同調してほしくて相談しているんですね。相談してくる人には何かしら本心があるので、そこを見極める会話力も大事だと思います。

子どもは未来の宝、年配者は知恵の宝庫

赤子《せきし》の一啼一咲《いっていいっしょう》は、皆天籟《てんらい》なり。
老人の一話一言《いちわいちげん》は、皆活史《かつし》なり。（言志晩録２１４）

——赤ん坊の泣き声や笑い声は、何の偽りも欺きもない。天然自然の声である。また、老人の話や言葉はどれも経験を語る、生きた歴史である。

日本は子どもの楽園だった

保育園が足りないことが社会問題となっていますが、いざ保育園を作ろうとすると、各地で反対運動が起こります。多くの人は何か対策を講じなければいけないと思っているので、総論では賛成するのですが、自分の家の近くに保育園ができるとなると話は別。「うるさいから」と反対運動が起きるのです。

最近は、赤ちゃんや小さい子の遊ぶ声は騒音なのか、ということまで議論されています。いったい、日本の社会はどうなってしまったのでしょうか。

私は昭和三〇年代生まれですが、大人に「うるさい！」と叱られたことはあっても、子どもの声が「騒音」と言う人などは、あまりいませんでした。どこの地域にも子どもがたくさんいて、子ども会という組織があり、大人がみんなで子どもをかわいがって、子どもと遊ぶイベントをよくやっていました。

子どもをかわいがるというのは、日本の伝統です。渡辺京二さんの『逝きし世の面影』（平凡社ライブラリー）の中には、「子どもの楽園」という章があるくらいです。江戸時代、日本に来た外国人が感じていたのは、「子どもが楽しむ姿を見て喜びを感じる民族だ」ということ。「日本は子どもの楽園だ」と言っていたのです。

子どもを楽しませるために、虫を買ってきて虫の音を聞かせたり、子どものためにたくさんのおもちゃを手作りしたり。武士の家ではある程度のしつけの厳しさはあったようですが、一般家庭ではあまり厳しく叱ったりもしませんでした。子どもは天からの贈りもの、子どもが喜んでいるのはいいことだ、という意識があったのです。

そういう伝統があるので、今も日本では、ポケモンやたまごっちといったキャラクターものなど、子どもを楽しませるコンテンツが世界一豊富です。

これらの歴史を踏まえると、子どもが騒いでいるのを注意するのはいいのですが、騒音という表現は少々行きすぎです。特に、何もわからない赤ちゃんの場合は、「天然自然の声」だと大きな気持ちで受け入れることが大事でしょう。

お年寄りの経験を聞く

子どもの話とセットで書かれているのが、老人のこと。お年寄りの一つ一つの言葉は生きた歴史です。高齢者の話は繰り返しが多いと言いますが、何度でも聞いておかなければわからなくなることもあります。

私の祖父母は明治生まれでした。もう話を聞くことは叶いませんが、彼らのおじいさんおばあさんについて、聞いておけばよかったと思います。明治生まれの人たちのおじいさんおばあさんは、間違いなく江戸時代の生まれ。その記憶を聞いておけば、江戸時代の話が聞けたはずです。

なぜ聞かなかったのだろう。もったいないことをしました。また、私の父は大正の終わりの年に生まれて、軍にも入っています。こういう話も、もっと聞いておけばよかったと思います。

今の若い人にとって、戦争は遠い出来事かもしれませんが、実際に体験した人がいます。戦争体験者は、これからどんどん減っていなくなるでしょう。ですから、東京大空襲の話なども、聞いておかなければわからなくなります。

後世に受け継ぐためにも戦争の話は知っておこう

先日、ＮＨＫの歴史番組で、書道家の井上有一さんをテーマとした回に出演しました。

子どもからもお年寄りからも、学ぶことは多い

井上さんは学校の先生をずっとなさっていた方で、戦争中には東京の下町の横川国民小学校で教えていました。東京大空襲では、学校に避難していた千人の人が亡くなっています。

井上さんは、自分の教え子を疎開させていたのに、そのとき東京に何人か戻っていて、八人が東京大空襲で亡くなりました。彼はその日、学校の宿直室にいたのですが、奇跡的に助かった。その様子を「噫《ああ》横川国民小学校」という詩文にして、書の形で書き残しています。

井上さんの言葉は、祈りのようであり、魂の叫びが聞こえてくるようで、書道作品のゲルニカとも言われ、戦争の悲惨さを伝えています。

しかし井上さんは、自分が東京大空襲を体験し、その体験を作品として書にするまでに三十三年の時間がかかっています。ずっとそのことを思っていても書くことができず、「瓦礫《がれき》」という字を書こうとしても、書けなかった。そして三十三年が経ち、学校を定年退職されたとき、ようやく作品ができあがりました。戦争とは、それほど酷い体験だったということです。

このような体験をした人たちがいなくなってしまう前に、ぜひ話を聞いてほしいと思います。

先日、私の職場では七十歳の先生が大学を退職されるので、その先生を囲む食事会をしました。久しぶりにゆっくりお話を聞いてみたら、知らないことが多くてとても面白い時間でした。どうしてこの学科ができたのか、学内のいきさつや歴史を知ることができたのです。その先生が辞められてしまったら聞く機会はなくなるわけですから、若い先生たちも呼んで、この会を設けてよかったと思いました。やはり、年配の人の話はちゃんと聞いておくべきですね。

第五章　悔いのない生き方——人生力

人生は選ぶことの繰り返し

已《や》むを得《え》ざるに薄《せま》りて、而《しか》る後《のち》に諸《これ》を外《そと》に発《はっ》する者は花なり。

（言志録92）

――やむにやまれなくなって、蕾を破って外に咲き出すのが花である。

やむにやまれぬ思い

たとえば、やめようやめようと思っているのに、どうしてもやりたい気持ちが抑えられない。やりたくてやむを得なくてその職業に就いた、という人がいます。

好きが高じてこうなったという人は、とても強い。蕾を破って花が咲くというイメージも、とてもいいと思います。

宮沢賢治の童話の中に『学者アラムハラドの見た着物』（青空文庫）という作品があります。

「煙は上がらずにはいられない。水は流れずにはいられない。そのように、人がしないで

後悔をなくすためにチェックしよう

はいられないことは何だろうか？」と、学者のアラムハラドが生徒に聞きます。

するとと、子どもたちは口ぐちにいろいろなことを言いました。中でも、セラバアドが何かを考えているようだったので、「セララバアド、何を考えているか言ってごらん」と言うと、「人間は、よいことは何かを考えずにはいられないと思います」と答えます。

その言葉にアラムハラドはハッとし、思いが深くなるのです。

宮沢賢治は、「世界全体が幸福にならないうちは、個人の幸福はありえない」と言った人です。東北の地を「イーハトーブ」として理想郷にしようとしていた。そうせずにはいられなかったのでしょう。

たとえば本好きな人は、本を読まずにはいられません。新聞好きな人は新聞を読まずにはいられません。新聞休刊日には調子が狂って、翌日の朝刊が待ち遠しくてたまらなくなる。その思いは「花が咲くように」出てくるものなのです。

「それは、本当に望んでいること？」

「已む可《べ》からざるの勢《いきおい》に動けば、則ち動いて括《くく》られず。（言志録125）――十分考えて、これが最善であると決定して、やむにやまれない勢いで動けば、少しも行き詰まることはない」という言葉にも、なるほどと思わされます。

西郷隆盛の『南洲翁遺訓』の中には「事には上手下手有り、物には出来る人と出来ざる人有るより、自然心を動かす人も有れ共《ども》、人は道を行うものゆえ、道を踏むには上手下手も無く、出来ざる人も無し」と書かれています。つまり、やむにやまれぬ思いでやるのなら、上手や下手は関係ない。行き詰まることもないということでしょう。

吉田松陰は、黒船に乗って密航の罪で捕まりますが、日本を救う気持ちで黒船に乗り込もうとしました。そのときに詠んだのが「かくすれば　かくなるものと知りながら　やむにやまれぬ　大和魂」という歌です。やむにやまれぬ大和魂から、捕まっても仕方ないと乗り込んだのです。

松陰のように、〝やむにやまれぬ思いで、この大学に来た〟とか〝やむにやまれぬ思いで、この会社に入った〟という気持ちが、みなさんの中にあるでしょうか。

そこまで強い思いでなくても、自分が選んだものならば、どこかに少しは気持ちがあるはずです。花が内側から開いてくるようにと思いながら取り組むと、勉強も仕事も、気持ちよくできるでしょう。

結婚だって〝この人と一緒にやっていこう〟と、やむにやまれぬ気持ちで決めたなら、何かあっても、〝あのときそういう気持ちだったのだから、後悔はよそう〟と思えます。後悔をなくすためにも、自分の胸に手を当て「やむにやまれぬ思いか」をチェックするといいと思います。

自己肯定感を持て

君子は常に吉《きつ》にして、小人《しょうじん》は常に凶なり。
（言志録202）

――君子は常に吉で、小人は常に凶である。

できる人はどこでも咲ける

人格ができている人は、すべてが吉である。そうでない人にとっては、すべてが凶である。一見、厳しい言葉のようですが、味方につけると、とても強い言葉です。

たとえば、会社勤めをしていて異動を命じられ、部署が変わります。君子であれば、行った先々、それぞれの場所で咲くことができます。

私の知人でも、編集部にいたのに、紙の調達をする資材部に移った人がいました。その人は編集者として優秀で、一緒に仕事をしていてもアイデア豊富です。〝そんな人が資材部に行くなんて〟と思っていたら、本人と会う機会がありました。

すると「資材部は資材部で面白いです。紙の質とか、いろいろ勉強になりますよ」と言

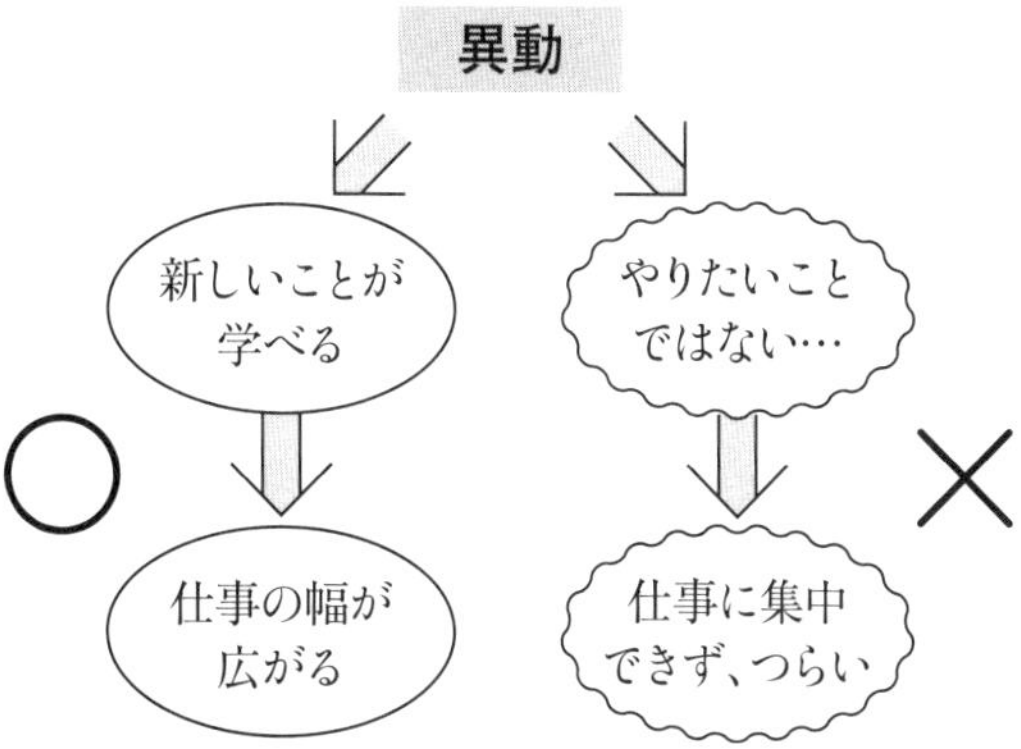

来たものを受け入れ、プラスに変えよう

っていた。この人は、どこに行っても明るく前向きだなと感心しました。

納得のいかない異動もあるかもしれませんが、そこに行けば行ったなりの勉強があると思ってやるといい。また、転勤を命じられた先で結婚する人もいます。〝行ってよかった〟〝住んでみたら意外に楽しかった〟ということもあるので、君子には偶然を生かす力も働きます。

君子は愚痴が少なく、来たものを受け入れ、自分でプラスに変えていくことができる。そうすると、すべてが吉になっていきます。

一方、小人のほうは、悪いことがあると〝あぁ、なんで自分ばっかりこんな目に遭うの？〟〝自分は不当に評価が低い〟と思ってしまいます。

評価はあまり割れない

人事というのは、全体にならせばたいていまんべんなく行われていて、一部の人だけが不当に動いているわけではありません。直属の上司と相性が悪いこともあるかもしれませんが、それもやがては変わっていくものです。

私の職場では五人ほどで人事委員会を行っていますが、採用をするときや人事の昇格については、意見があまり割れません。みんなの認識がほとんどぶれないのです。〝この人に対してこう考えていたのか〟というところはほぼ共通で、みんな意外によく見ているものだと感心します。

中には、自分の言うことを聞く後継者を引き立てるケースがあり、それを防ぐために五人でやっているのですが、何度委員会を開いても、それぞれの人についての評価が割れないことに、私は驚きました。

自分の人生を全肯定する

『とうさんのすることはいつもよし』（『アンデルセン童話集3』大畑末吉訳、岩波少年文庫）という童話があります。とても面白い話です。

おじいさんが何だか変なことばかりするのですが、おばあさんが「おじいさんのすることに間違いはない」と言い続ける。夫婦仲が非常にいいのです。

そういえば日本の昔話『かさじぞう』も似たような話でした。お地蔵さんが寒そうだったので、売り物の笠をかぶらせてあげる。そうするとおばあさんが「おじいさん、それはずいぶんよいことをしなすった」と言います。男女問わず、こういうふうに接することができたなら、人は仲よくなれるのだろうと思います。

おじいさんはいい人ですが、結局損ばかりしています。でも、何をしてもおばあさんが「おじいさんのすることに間違いはない」と言ってくれるので、すべてが吉になっていく。おばあさんのほうが君子なのかもしれませんね。

今の時代は、のんきなことは言えませんが、そのような心持ちで人と接するのも、一つのあり方です。

ニーチェが言っているのは、自分の人生に対して〝これでよかったんだ〟という全肯定の立場をとる「永遠回帰の思想」です。自分が、この一瞬がよいと思ったら、過去のつらいことなど何度繰り返しても構わない、という考え方です。

採用試験でも、こちらが落ちたからあちらに行った。でも行った先で、むしろいい仕事が見つかったということがあります。

私の大学でも「早稲田に落ちてしまって、明治に来たけれど、明治でよかったです。先生の授業を受けることができたから」と言ってくれる学生がいるので、「そうだろう!」と言っています。すべてを吉にするというのは、こういう気の持ちようでもあります。

いつも心に一燈を

一燈《いっとう》を提《さ》げて暗夜《あんや》を行《ゆ》く。暗夜を憂《うれ》うること勿《なか》れ。只《た》だ一燈を頼め。（言志晩録13）

――暗い夜路を行く場合、一張りの提灯をさげて行くならば、どんなに暗くても心配するな。ただその一つの提灯を頼んでいけばいい。

道なき道を行くときは

読んだ瞬間、映像が浮かぶような非常に切れ味のいいフレーズです。

私の友人は起業して順調に会社を経営していたのですが、あるトラブルが起きてから経営がうまくいかなくなり、「長いトンネルに入った感じがする」と言っていました。仕事をしていると、彼のように先が見えなくなることが起こります。

そのときに、真っ暗闇で先が見えないことを憂うるな、ただ一つの灯りを頼みなさいというのです。

自分だけの一燈を心の支えに

たとえば、スポーツ選手がスランプに陥ると、周囲から叩かれますね。評論家からもファンからも、いろいろなことを言われて疲れ果ててしまうけれど、家では結果に関係なく家族が迎えてくれて、子どもたちが喜んでくれる。

そこでホッとして、また試合に挑めるということがあります。だから、スポーツ選手の中には、あまりそのスポーツに詳しくない人と結婚し、家ではスポーツと無関係に生活するのを好む人も多いのです。

その場合は、「家庭がただ一つの灯り」ということでしょう。この言葉は「ただ一人で行く」という意味でもありますが、何も灯りがない真っ暗闇の中を行くというのは、精神的にもとてもこたえます。そこで、何か「一燈」が心の支えになります。

人は一冊の本に救われ、支えられる

足尾銅山の裁判で戦い続けた田中正造は、キリスト教徒でした。投獄されたときにも聖書を持って、気持ちを整えたと言われます。苦難のときこそ、よりどころとなる一冊の本が一燈になるのです。

暗くて長いトンネルの中にいると思ったときには、「わずかでも明るさを保つ提灯を、心の中に持っているか」と、自分自身に問いかけてみるといいかもしれません。たとえば〝この本が、私の一燈だ〟と思える本を持っている人は幸せです。

私の授業では、大学生にニーチェの『ツァラトゥストラ』を読んでもらいます。なぜかというと、彼らが三十代や四十代になったとき、迷いが生じたとしても、そこに戻れるとまた元気が湧いてくる本だと思うからです。

『論語』もそのような本の一冊です。『論語』を読むと気持ちが落ち着く。東アジア人としての基本に戻ることができる本だと思います。

渋沢栄一は、『論語と算盤』（角川ソフィア文庫）という本の中で、「論語に戻れば経営の迷いが断ち切れる」といったことを書いています。そして、「論語で経済、経営をやってみせる」と言って、一生を貫きました。『論語』が一燈の提灯になっているから、暗い道を行くときも、明るい気持ちになれたのでしょう。

自分が尊敬している人物を、自分の心の中に持つ。いつもその人に問いかけ、〝その人だったらどうするだろう〟と思うことも、一つの提灯のあり方です。

あれこれ手を出すな

ここで大事なのは、「ただ一燈を頼め」というところです。その「一燈」を、しっかりと信じて進んでいく。かすかな灯りであっても、それを信頼していく覚悟さえあれば、乗り切れるものです。

〝試験に落ちそうだ〟と不安に思っている人は、〝この問題集をやっても、ダメかもしれない〟と考え、「次はこれ、次はこれ」と、どんどん別の問題集に手をつけてしまい、どれも手つかずで終わってしまって失敗します。

東大生の入学後のアンケートを見ると、たいてい自分の決めた定番の問題集を五回も六回も繰り返し、完全にして臨んだと書いてあります。一種類の問題集を徹底して身につけることで、受験に合格する確率が上がるのです。

勉強が苦手な人ほど不安になり、暗闇の中に入り込んで、あれもこれもと手を出してしまいがちです。そうなると、失敗する。

「一燈を心の支えにせよ」ということです。

他者との関わりから気質が見える

> **気象を理会《りかい》するは、便《すなわ》ち是れ克己《こっき》の工夫なり。**（言志耋録39）
> ——自分の気性を把握することは、己に勝つコツである。

克己するとは、自分を乗り越え自分に勝つこと。今でも時々言われる言葉です。そのためには、自分の気質を理解すること。しかし、自分のことはわかっているようでいて、本当にわかっているとは限りません。自分は穏やかなのか、攻撃的なのか、考えるほどにわからなくなることがあります。

結婚生活は気質を如実に表す

自分の気質を知るのは、誰かと深く関わり合ったときだと私は思います。

たとえば結婚して、相手の気質とぶつかり合うことで初めて、「自分はこういう人間だったんだ」と理解できることがあります。

もともと自分が生まれ育った家族は、気質がどうこういうより、野生のぶつかり合いを

人と関わることで自分の気質が見えてくる

している場所。遺伝子的にも似ているところがあり、家族全体が一つの気質を形成していることさえあります。その上、生活習慣も共有している。

そこから離れて結婚したり、同棲したりしてみると〝あれ？〟と驚くことが多くあります。「この習慣は、あなたにはないの？」というふうに、習慣を含めた自分の気質に気づくのです。

つまり、結婚は自分の気質を知るにはもってこいの場所。互いの気質を照らし合わせながら〝あぁ、自分って頑固だったんだ〟とか〝結構攻撃的だったんだな〟とわかります。それに気づくと変わっていきます。

自分の気質がわかると、修正しようとする働きが生まれます。〝もしかして、怒りっぽいのかもしれない〟とハッと気づいた時点で、修正機能が働いていく。〝しゃべりすぎているかも〟とか〝攻撃的かも〟と気づくと、そこから変わります。

依存ポイントがわかれば抜け出せる

依存症などでも同じことが言えます。たとえばお酒にのまれるタイプの人は、早いうちからわかっていると、酒量をコントロールするようになる。また、ギャンブルにのみ込まれやすい人は、自分が依存症であることに気づくことが、治療のきっかけになります。

人は、誰もが何かしらの依存症です。依存の度合いが常識の範囲内であれば、お酒を適度に飲むことも、ギャンブルをすることも楽しいものです。

しかし、そこから抜け出せなくなる、やめようと思ってもやめられなくなるのは病気です。〝自分は病気かもしれない〟とハッと気づいたとき、改善が始まっていきます。

また、口に出して表現して初めて〝自分はこういうことをしたかったんだ〟とわかったり、人や仕事との偶然の出会いでわかることもある。

〝今の自分には無理〟と思った仕事も、やってみると意外に得意なことがわかり、仕事の幅が広がっていったりします。ですから、自分の向き不向きを決めつけすぎないほうがいい。偶然に身を任せることが大事です。

求め続けて自分と出会う

ニーチェは『ツァラトゥストラ』の中で「偶然が来るのを妨げてはいけない」と書いています。「偶然は子どものように無邪気だから」と。小さい子どもがワーッと寄ってきたら避けることはできません。それと同じように、偶然を妨げてはいけないのです。

考えてみると、誰かとつきあったり、誰かと結婚するというのは、偶然でしかありません。そういうものを妨げていると、どんどん機会が減っていきます。あるいは、偶然の機会を逃してしまうと、仕事の幅が広がらないということもあります。

村上春樹さんの『騎士団長殺し』（新潮社）は、主人公が妻に別れたいと言われて、そこからさまざまな偶然が重なり、自分が求めている「何か」にだんだん気づいていく物語でした。自分が引き起こしたわけではないけれど、巻き込まれながら自分に気づくこともあるのです。だから、〝自分には何かあるはず〟と思う気持ちが大切で、その気持ちを持つことによって気づくこともあります。

ゴッホは、何かあるはずと思って牧師になろうとしましたが合わなくてやめ、何かあるはずと思ってオランダで「ジャガイモを食べる人々」の絵を描きます。いい絵なのですが、非常に暗いんですね。そして、日本の浮世絵に出合って〝これだ！〟と思い、浮世絵の明るさを表現するにはもっと光の強いところに行こうとアルルへ行き、黄色に目覚めます。そして、ゴッホの絵は明るく力強い燃えるような絵に変わっていきます。

ゴッホでさえ、最初からゴッホだったわけではなく、自分の気質を理解するのに時間がかかりました。そこに行くまでの絵は、とても暗かったのです。

自分の本当の気質を知るためには、偶然の中で探し求めていくことも必要ではないかと思います。

人生にいちばん必要な力

学に志《こころざ》すの士《し》は、当《まさ》に自ら己を頼むべし。
人の熱に因《よ》ること勿《なか》れ。（言志耋録17）

――学問を志すのであれば、頼れる者は自分自身であると覚悟しなければならない。
他人の熱に頼ってはならない。

自らの熱で火をつけて決断

「自ら己を頼む」というのは、今ではほとんど使わない言葉です。しかしここには、「学問を志す人、何か事を為そうとする人は、人の熱に頼らず自分自身を頼め」と書かれています。

それは当然といえば当然で、「誰かがやると言ったから」とか「自分一人になってしまったら心がしぼんでしまう」と言うようでは、前に進むエネルギーは生まれません。

流れに乗っかっていく人は多いのですが、自分自身の熱によって動いていく。言ってみれば、自家発電みたいに自分で熱を発して動いていく人が、己を頼む人です。こういう人は、人のせいにはしません。

とはいえ、他人の熱で動くのは、いけないことではありません。熱量の高い人は、人を巻き込む力が強いので、多くの人を動かしていきます。ただ、人のモチベーションによってその気になるだけでは、一人の人間としては頼りないのだと思います。

映画監督という仕事は、自分で決断しなければならない事柄がとても多いそうです。「服はどうしますか？」「カメラはどの位置にしますか？」と、日々ものすごい数の質問に答え、決断する必要があります。

周防正行さんと映画についてお話したときには、「自分がどんどん決断していかないと、先に進まない」とおっしゃっていました。北野武さんも同じように言っていたことを、覚えています。

そうなると、己を頼めない人は監督にはなれません。そのたびに誰かに「どうする？」と聞いていたら、進行が止まってしまうからです。

映画というのは、監督やプロデューサーの熱意があり、その熱が多くの人を動かしていきます。先日私は『ラ・ラ・ランド』を見たのですが、ライアン・ゴズリングがインタビューで「この映画ができたこと自体が奇跡だ」と語っていました。映画を作りたいという意思を持った監督やプロデューサーがいて、その熱で周りが動いていたから、あのような

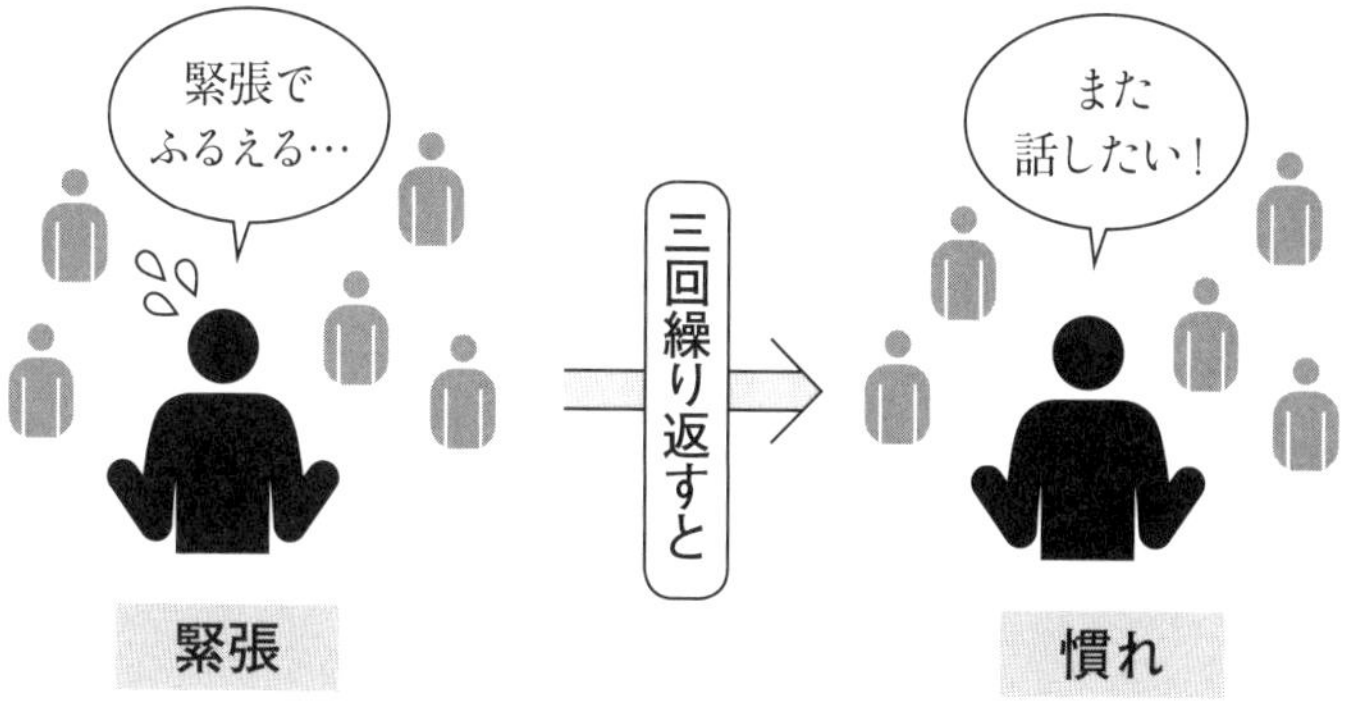

練習すれば必ず「己を頼む」ことができる

映画ができたのです。

この「学に志す（略）」という言葉は、「自分が発火点になれ」ということだとも受け取れます。人の熱で動くこともあっていいと私は思いますが、基本的には、それぞれがひとつの学問を志す士になる。士とは、武士の士でもありますが、ひとかどの人物ということ。つまり、自分自身を頼んでいる人のことです。

自分を頼む練習をする

福沢諭吉は『学問のすすめ』の中で「依頼心を持っている人は弱い」と書いています。依頼心を持つと、一人で立つ気力がなくなるからです。

人に頼むのではなく、自分を頼んで生きていく。そのためには、覚悟が必要です。「どうしよう！」と追い詰められたときには、自らの力を頼るしかないと思って、行動する練習をしましょう。

たとえば、試験を受けるときは誰にも頼れません。こうしたことも一つの試練です。野球でも、バッターボックスに入れば、自分を頼るしかない。ピアノの発表会で舞台に立ったら、自分を頼るしかない。そういう経験が「己を頼む」練習になっていきます。

ですから、小さい頃からピアノの発表会などに立つのは、大事なことです。発表会のために準備して、本番では自分の身がさらされ、緊張でドキドキする。そのときはもう、己を頼んでいるのです。

私の授業では、全員の前で話をしてもらうことがあります。最初は、ほんの三十秒話すだけでも「緊張で震えました」という学生が多いのですが、三回目くらいになると「だんだん慣れてきました」「また前に出たくなりました」と変化していきます。

そう考えると、己を頼むというのは一つの心の習慣です。期待されてプレッシャーに勝てば、プレッシャーの中でやることが楽しくなってくる。そういう心の持ちようもあります。そして、みんなに期待されたところで、自らを頼んで勝負するのです。

どんなに実績のある人でも、ぞっとするような緊張の場面があり、そこでは自らを頼むしかありません。自らを頼むことを「自侍《じじ》」と言いますが、これは心の持ちようです。発表会や試合に出ることで、自侍の心を鍛えていくといいでしょう。

身体が整えば心も整う

実《じつ》を臍下《せいか》に蓄え、虚を臍上《せいじょう》に囦《い》れ、呼吸は臍上と相消息《あいしょうそく》し、筋力は臍下よりして運動すべし。（言志晩録79）

——気をこの臍下（これを気海丹田という）に蓄え、へその上のほうの力を抜いて、呼吸はへその上と相通じ、筋肉の力はへその下から発するようにして体を動かすべきだ。

へそから下に気を満たす

臍下とは「臍下丹田」のこと。へその下に丹田があるという考え方が、道教の教えの中にあります。

おなか全体を一つだと考え、へそを中心にしてみると、上と下ではまったく違った働きをします。へその下は「実」なので、充実させる。へその上は「虚」なので、力を抜く。

これらを四文字熟語で表現したものが、「上虚下実」です。

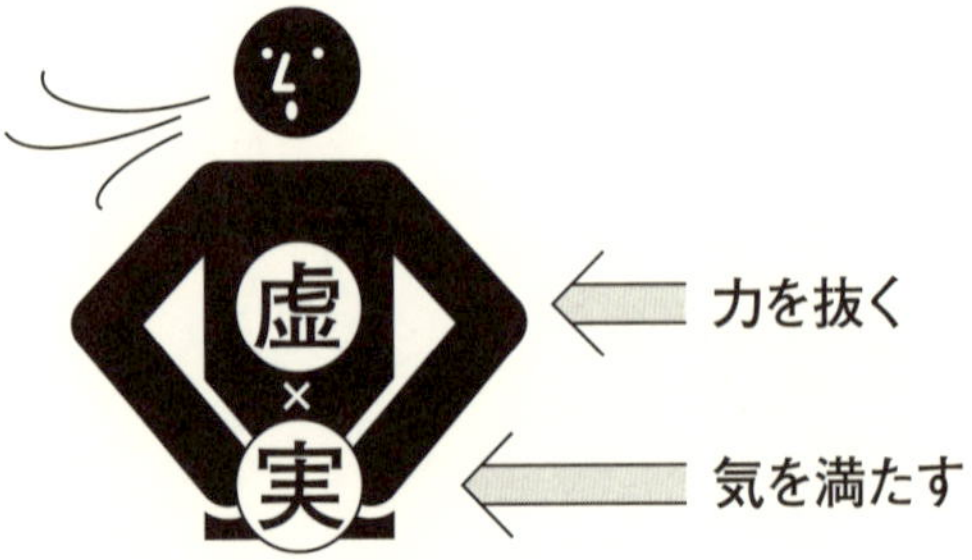

己に勝つコツは呼吸にあり

白隠禅師の『夜船閑話《やせんかんわ》』（伊豆山格堂、春秋社）では、「気海丹田に気を充実すれば、健康も得られるし、物事もすべてうまくいく」と書かれています。

臍下丹田には魂があるので、気を満たします。そのとき、上半身はリラックスして虚にしておく。上半身が虚になっていないと、みぞおちが硬くなり呼吸が浅くなってしまいます。みぞおちを柔らかくすると、横隔膜が動きやすく、深い呼吸ができるようになります。「呼吸は臍上と相消息し」というのは、呼吸はへその上と通じている、ということ。みぞおちのあたりを楽にして、筋肉はへその下から発するように体を動かします。

これは、現代のスポーツ選手にも有効なアドバイスです。臍下丹田に気を静め、下半身から動くように、上半身は力みなくというのが基本です。

上半身は力を抜こう

たとえば、テニスのロジャー・フェデラー選手には、上半身の力みがまったくありません。どんなに強いボールを打っているときも静かな面持ちで、禅僧が瞑想にふけっているような静かな表情なのです。

こういう人は、常に下半身から運動しています。ボクサーなどでもそうですが、強いパンチを打つ人は、下半身の力を上に連動させている。その連動を上手にすることが、強いパンチを打てるかどうかの分かれ目、ポイントになります。

呼吸と上虚下実をセットにした考え方は、もともとはヨガの知恵から来ています。そこから中国の道教へとつながっていきました。道教には仙人になるための修行法があり、そこで気を回す気の術が発達したのです。

臍下丹田に気を集めるというのは、当時の武士には常識でした。日本人の身体文化の高さは、こうして受け継がれてきたのです。

命に関わる大事はそれほどない

順境《じゅんきょう》は春の如《ごと》し。出遊《しゅつゆう》して花を観《み》る。
逆境《ぎゃっきょう》は冬の如し。堅《かた》く臥《ふ》して雪を看《み》る。
（言志後録86）

――順境は万事が都合がよく進むので、まるで麗らかな春の日に外出して花を見て遊ぶようなものだ。逆境はすべてが思う通りにならないから、寒い冬の日に閉じ込もって雪を見ているようなものだ。

浮き沈みあって当たり前

季節が巡る天地運行と、個人の運命が関わっているという易の考え方を、佐藤一斎は大事にしていました。

人の運命には、大きく見ると順境と逆境がある。しかし、それは万事繰り返していくものので、常にどちらかの状態なので「逆境だからといって、嫌だ、嫌だと言う必要はない」と言うのです。

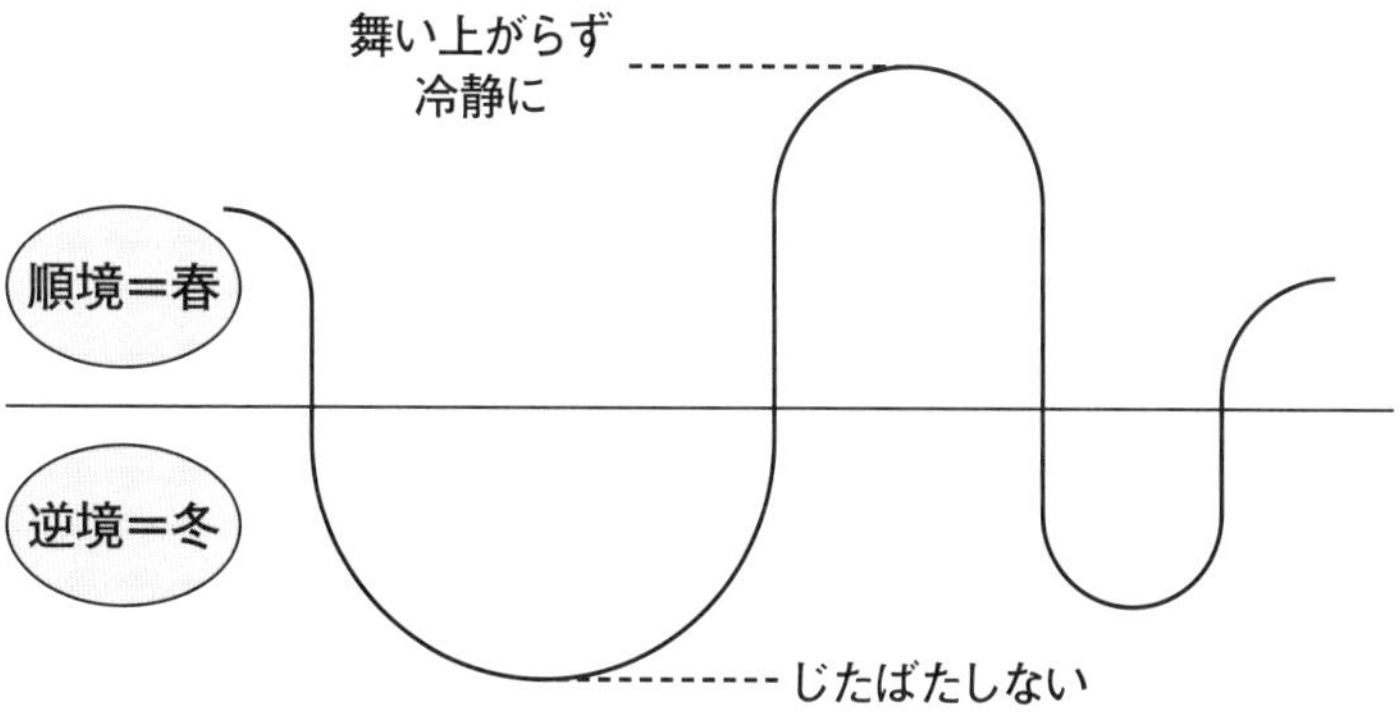

逆境のときは傷を広げないように活動は控えめに

順境とは春のようによいものですが、冬もまた悪くない。寒い冬に静かに雪を見るように、おとなしくしていればよいということでしょう。

逆境は、人生において必ずあります。そして逆境のときにじたばたしないというのは、生きていく上での一つのコツです。あまり逆境のときに動きすぎると、余計に傷を深くすることがある。だから、逆境のときには害が広がらないように、運の悪さが広がらないように活動を少し控えめにして、冬の時期の動物のように過ごすのです。

そうすると、再び追い風が吹いてきたとき、それに乗って動き出すことができるのではないかと思います。たとえば、左遷や降格までいかなくても、自分の評価が低いときもある。そこで堪えて乱れないようにしていると、次は上がることもあります。

自伝は学びの宝庫

歴史を見ると、高橋是清は順境逆境のとても激しい人です。まず、子どもの頃、馬に蹴られそうになったのに無傷だった。「この子は運がよい子だ」ということになったそうです。運がよいとおばあさんが言い続けていたため、本人も一生そう思い続けます。

少年時代にアメリカ留学をします。しかしそこで、奴隷同然の契約書にサインさせられて、過酷な労働をしながら暮らします。その後、日本に帰国し経済の専門家として成功。ところが南米の鉱山での儲け話に乗って大失敗をやらかして大損するなど、上がったかと思ったら何度も真っ逆さまに転げ落ちる人生でした。

のちに大蔵大臣としての財政手腕が評価されて内閣総理大臣になるも、失脚。それでもまた周囲に求められて大蔵大臣に就任します。ものすごい逆境が多かったのに、本人はそれをものともせず〝運がいい〟と思って過ごしてきたと語っています。それは、「冬もまた悪しからず」という気分で過ごしたからではないでしょうか。

最後は二・二六事件で暗殺されてしまいますが、それも含めて大きな起伏のある人生。逆境のレベルが、今の私たちのレベルとはまったく違います。彼のような人の自伝や伝記を読むと、〝なるほど、人は浮き沈みがあっても生きていくのだな〟と感じることができます。

私は伝記を読むのが好きで、『自伝を読む』（筑摩選書）という本まで出していますが、自伝というのは〝この人にはこんな大変なことがあったのか〟というストーリーばかりです。たとえば古今亭志ん生の『なめくじ艦隊――志ん生半生記』（ちくま文庫）によると、お金がまったくなくて、ナメクジが出てくるような長屋で暮らしていました。

しかし、その中でも希望を失わず何かをやっていく人生がある。順境、逆境を自分のレベルと照らしても、もっと大変な人がいるのだという気持ちになり、勇気が湧いてくると思います。

悪いときのプラス、よいときのマイナスをとらえる

順中《じゅんちゅう》の逆有り、逆中《ぎゃくちゅう》の順有り。（言志晩録184）

――順境の中にも逆境があり、また逆境の中にも順境がある。

ずっといいときも、悪いときも、ない

どんな人生にも、順境のときと逆境のときがあります。美輪明宏さんが『ああ正負の法則』（PARCO出版）という本で、「すごく順調にいっているように見える人ほど、マイナス部分もまた大きい」といったことを書かれています。

一般の人がまあまあ無難な人生を歩んでいる場合、プラスの面もそれほど大きくはないけれど、マイナスもそんなに大きくはない。しかし、芸能人の中には、時々すさまじい人生を歩む人がいます。もちろん、芸能人でなくても浮き沈みの激しい人はいるでしょう。それぞれの人の中に、順境も逆境もあるのです。

ここでは佐藤一斎が、「順境の中にも逆境があり、逆境の中にも順境がある」と語って

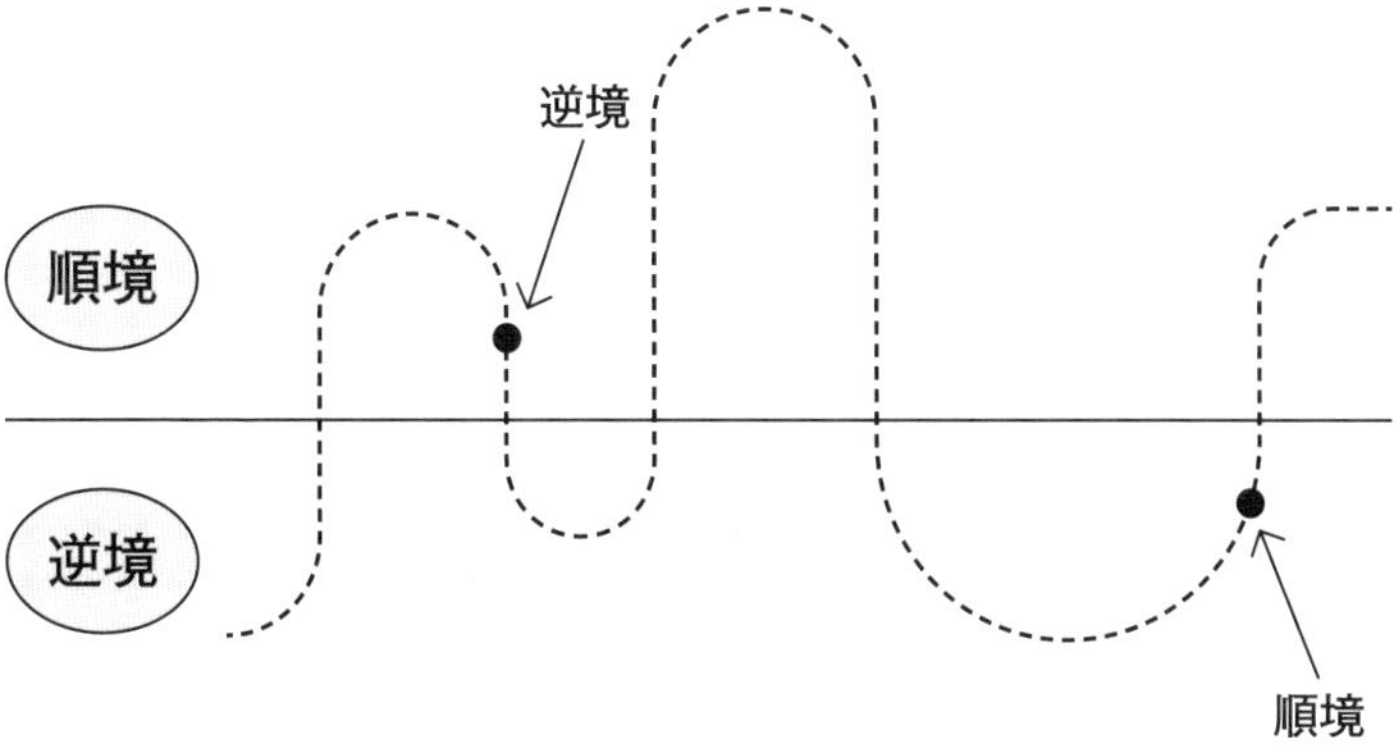

安定した心で順境逆境を過ごしていこう

います。これも非常に大事なことです。うまくいっているときというのは、売り上げが上がったとか営業成績がいいとか、一見数字もよいのですが、実はグラフの傾きを調べてみると、すでに下がり始めているケースがあります。

〝結構数字が出ているし、いいんじゃないの？〟と思っていると、下降の始まりを見すごすことになり、どんどん悪いほうに加速していきます。

逆に、今は数字はよくないけれど、グラフを描いてみると、悪い中でも少し上を向いているとわかるときもあります。相変わらず逆境の中にいても、少しプラスのほうに動き始めている。これを生かしてみようと明るい気持ちになります。

加速度の概念

もう一つ付け足すと、これは加速度の概念と近いものがあります。今の速度が百キロだとしても、その前が百二十キロであれば、加速度的にはマイナスです。ところが、八十キロで走っているものが百キロになった場合、加速度はプラスです。

今の変化がどこで起きたのか。その変化の始まりをとらえるのが大事です。ですから、逆境の中でも順境を探してみる。〝調子が悪い、全然ダメだ〟と思っても、本当に全部ダメなのかを考えてみる。

学生の場合なら、「全教科ダメ」と言われても、一つ一つをよく見ると「この教科はよくなっている」と細かい変化がわかるはずです。すると「ここはプラスに転じているね」となるわけです。

あるいは調子がよいと思っていても、実は綻びが始まっているかもしれないので、マイナスがないかをチェックしておく。順境のときこそ、穴がないかを調べる必要があります。

逆境においてはやけを起こさず、順境においては怠け心を起こさない。それをまとめるのは、「敬」の一字と書かれています。敬とは、心の安定した状態。安定した心で、順境と逆境を貫いていけばよいのです。

短気な高齢者は嫌われる

人は老境《ろうきょう》に至れば、体《たい》漸《よう》く《や》懶散《らんさん》にして、気太《きはなは》だ急促《きゅうそく》なり。往往《おうおう》人の厭《いと》う所と為《な》る。（言志後録217）

――人は年を取ってくると、何をするにも億劫になり、気ばかりせわしくなる。そして人からは時折、嫌がられるようになる。

年を重ねるほど機嫌よく！

高齢になることについて、ずいぶんはっきりと書いてあります。人は六十歳くらいを超えると、だんだん体が億劫になり、気ばかりせわしくなってきます。嫌われる要素が増えてしまうということです。

わかりやすいのは、話が長くなる。私は授業や会議などではストップウォッチを用意して、自分の話が長くなりすぎないよう注意しています。シンポジウムでも、自分の話す時間を「二分で」と頼まれたら、測ってぴったりに終わるようにします。

シンポジウムなどでは、高齢の方ほど話が止まりません。何人かでバランスよく話さなければならないのに、とにかく長い。やはり、欠点に早く気づくことが必要でしょう。

ほかにも、年を重ねるにしたがって起きてくる共通の欠点には、少し短気になってくるということがあります。高齢者の短気は嫌われるので、意識して抑えることが必要です。イライラしたときには〝もうすぐお迎えがくるのだから、ここで怒って嫌われるのは得策ではない〟と考え、フーッと深呼吸をしましょう。

機嫌が悪い高齢者は、周囲の人にも〝お世話をしたくない〟と思われてしまいます。そうなると、自分のためにもなりません。基本的には機嫌よく、文句を言わずに人をほめることでしょう。

今の時代の六十歳は、江戸時代の六十歳とはずいぶん違って、見た目も気持ちも十歳以上若い感じがしますが、衰えは当然あります。衰えをまったく意識しないでいるよりは、弱点を意識しながらカバーするコツを覚えていくのです。

たとえば、時間を意識して過ごす。話す量と聞く量で言うと、聞く量を増やして若い人に発言を促すようにする。積極的にそうやっていくことで、ようやく全体のバランスが取れるのです。

この文は「余」、つまり「自分は」と言っているので、佐藤一斎も六十歳を超えて、まだまだできていないと反省しています。老境の弱点を意識し、自分は直すようにしている。

高齢者の心得

・話が長い	⇨	聞く量を増やす
・短気になる	⇨	イライラしたら まず一呼吸
・加齢臭	⇨	清潔感を保つ
・面倒な交渉事	⇨	積極的に 引き受ける

機嫌よく文句を言わず軽やかに

なかなかうまくいかないけどね、と言っているのです。

軽やかさを意識する

また、高齢になればなるほど人気もなくなってきます。厳しいようですが、そういうものです。

大学生は、中学校に行っても高校に行っても結構人気がありますが、中高年、老境の男性というのは、それほど人気がないのが普通です。

生物としての魅力が衰えてくるのは、致し方ない。「加齢臭がある」とか「脂ぎっている」とか「お父さん、臭い」とか、いろいろなことを言われながら、みんな頑張って生きているわけです。ここで卑屈にならず、中高年の落ち着いた魅力を身につけていくしかありません。

老境にあるからこそおしゃれをしたり、身ぎれいにして、感じよくしておく。そして、新しいものが流行っているなら、サッと取り入れて機嫌よくやってみる。

たとえば、みんながLINEをしているのなら、自分もLINEをやってみる。苦手なら手を出さないでおくのも一つの手ですが、「なんてつまらないことをしているんだ！」と嫌がらせを言うことは、絶対にしてはいけません。自分がしていないことを否定しても、仕方がありません。

たとえば私の場合は、日本語の間違いがとても気になります。最近は「食べられる」を「食べれる」と言うように「ら抜き言葉」が優勢になって、おかしいと思わない人が増えています。

そんな私も時代の趨勢として、「ら抜き言葉」を認める時期に来ているのかもしれない、と思うようになりました。「食べれる」のほうが短いので、言葉の経済性から見ると優れているという考えもあるわけです。時代に適応して残っていったものが、生命力のある言葉になるので、自然に時代が選択していくだろうと考えています。

年を取ると「今時の若い者は」とつい言いたくなります。江戸時代の初期でさえ、「若い者はだらしない」と書かれている本が多くありました。私はそれでもやっぱり高齢者は、若い人を引き立てる動きをしていくほうがいいと思います。

みんなが面倒くさがる交渉事や、会議の議長などは、年を取った人のほうが得意です。そういうものを引き受けると同時に、新しいものや流行を意識して取り入れ、軽やかでいることが大事です。

年を重ねるに従い、芭蕉のような「軽《かろ》み」の境地に立つ。芭蕉の人生は、あれほど侘び寂びと言っていますが、実はとても軽みを大切にした俳句を作っていました。芭蕉の句は、どれも重くありません。

「古池や蛙飛び込む水の音」は禅の境地とも言えますが、カエルが池に飛び込んで音がしたというだけ。年を重ねるほどに、このような軽さを心がけていくとよろしいと思います。

子どものように楽しもう

人は童子《どうし》たる時、全然たる本心なり。

――人は幼いときは完全に真心を持っている。

（言志耋録51）

社会常識をくぐり抜けたあとの童心

幼いときというのは、本心だけで生きています。本心というのは、純真無垢な心。成長していくと私心が生じ、世間の習慣になじんでいくうちに、やがて本当の真心を失ってしまいます。ここには、学を志す者は、むしろ世の中の習慣を取り去って、本心に返ることが大事だと書かれています。

ニーチェも同じようなことを言っています。人の精神というのは次の三つの発展段階によって成り立っている、と。

最初の段階は、人は駱駝になる。駱駝というのは、義務を背負うということです。すべきことに従い、重い荷物を背負うように行動する。たとえば学校に行かなければいけない

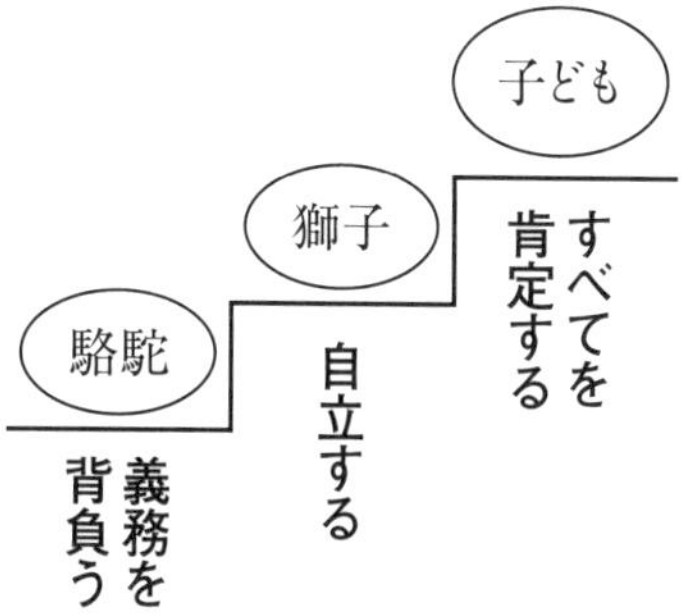

肯定するエネルギーが何かを生み出す

とか、勉強しなければいけない、などです。

次の段階では、人は獅子になる。世の中の「すべきこと」に対してNOと言って自立していきます。駱駝のように従順ではなく、「そうではない！」と言うのが獅子です。

次の段階では、人は子どもになる。子どもはNOと言わず、すべてを肯定して遊びにしてしまいます。そのエネルギーが、価値を生み出す存在になるのです。

ここでニーチェが「子ども」と言っているのは、実際の子どもではありません。もともとは、駱駝になる前が本当の子ども時代です。子どもが駱駝になり、獅子になり、やがて子どもに戻ってくるのです。

遊び心を忘れるな

サン・テグジュペリは『星の王子さま』の

中で、「大人はみんな子どもだったときのことを忘れてしまう」と言っています。ニーチェが言うのは、子どものような遊び心のあるまっさらな気持ちを、大人になってもう一度獲得するということです。

子どもの心を持つ大人。おそらく良寛さんは、そんな感じの人ではないでしょうか。彼は、次のような有名な和歌を残しています。

「この里に　手まりつきつつ　子どもらと　遊ぶ春日は　暮れずともよし」

良寛さんは、子どもとまりつきをしたり、隠れんぼをするのが大好きでした。隠れんぼをすると、隠れたまま子どもたちが帰ってしまい、そこでずっと寝ていたという逸話があるくらいです。

まりつきや、隠れんぼをするのが楽しくて、童心に返っていた良寛さん。厳しい修業を経て社会常識もくぐり抜け、その上で子どものような心を持つことは、日本人の一つの憧れです。

小学三年生の体と心

社会常識をくぐり抜けた果ての、子どものようなあり方というのは、一体どれくらいの年齢でしょうか。

私は、小学校三年生が一つの目安になる気がします。三年生は、とても子どもらしい年齢です。特に男子は、何をやってもバタバタしていて無駄な動きが多い。しかし、三年生の一年間は、心身共にすごく伸びるときです。

小学生を学年ごとに教えた経験があるのですが、二年生の終わりの三月と、四年生の四月とでは、子どもは別人のように変わっていました。四年生になると、驚くほどちゃんとしているのです。

計算してみると、一年一ヶ月しか経っていません。間に三年生が挟まっているだけ。一年間にどれだけ成長したかがわかります。

なぜそれほど伸びるかというと、素直でエネルギッシュだからです。大人の場合、五十二歳と五十四歳じゃ全然違うよ、という人はほとんどいません。それは素直さとエネルギーが絶対的に足りないからです。

私は、大人に向かって講演するときには、立ってジャンプしてもらいます。特に男性には「小学校三年生のときの体を取り戻そう」と働きかけます。「あの頃は無駄な動きも多くて、しょっちゅう笑っていた。今はこんなに硬くなって表情もなくなってしまったけれど、昔はみなさんも反応していたんですよ」と。そうやって、体から子どもになるように挑んでいきます。

ホイジンガの『ホモ・ルーデンス』（高橋英夫訳、中公文庫）という本には「遊ぶから人間だ」と書かれています。人間こそが遊ぶ存在であり、遊びは真剣にやるものである。

遊びがあるからこそ人間らしい、という考え方です。ホモ・サピエンスは「知の人」、ホモ・ファーベルは「作る人」、ホモ・ルーデンスは「遊ぶ人」という意味です。

仕事自体を遊ぶ人もいるでしょう。サボっているという意味ではなく、楽しんでやっている。それができるようになると、本当に子どものような気持ちで自由になっていけるのではないでしょうか。

答えはすべて自分の中にある

青天白日《せいてんはくじつ》は、常に我《われ》に在《あ》り。（言志耋録57）

――青天白日というものは、常に自分の中にある。

心を整え空を見る

心が静かなとき、自分の目が明らかであれば、澄みきった青空が見えます。青天白日は自分の心の中にあるもので、見えるか見えないかは心の持ち方次第。気分が暗かったり、自分の目が曇ったりしていれば、青天白日には見えません。

本当の空を見上げて、〝今日は久しぶりに空を見たなあ〟という人もいるでしょう。自分は久しぶりだと感じても、空はいつもそこにある。自分の心が落ち着いていなかったので、しばらく空を見ることもなかったわけです。

最近は、ブルームーンやスーパームーンなどと満月を表現していますが、そういうときだけ月を見て〝久しぶりだなあ〟と思うかもしれない。せっかく陽が照っている青い空も、

大丈夫、
ちゃんとやって
いける…
空を
見上げるのは
久しぶりだ
何だか
落ち着く

疲れたときには空を見上げよう

美しい月も、心持ちが整っていないと見えてきません。

自分を取り巻く環境が幸福であるか不幸であるかというのも、心持ち次第だと言えます。今の日本では鬱な気分になっている人が多く、自殺者も多いと言われます。しかし、古今東西の歴史を学んでいくと、今の日本ほど環境的に幸せな国、幸せな時代はそうそうないのです。

今の日本ほど幸せな国はない

時代をさかのぼればさかのぼるほど、ひどい目に遭わされ、悲惨だった地域が多くあることがわかります。たとえばヨーロッパでは魔女狩りや魔女裁判があり、「あいつは魔女だ」ということになると、すぐに火あぶりにされる時代がありました。また、スターリンが支配していた時代のソビエトも、何百万人もが弾圧され殺されたと言われています。

歴史の勉強をしてみると、実は今の日本は青天白日な状態、人類の歴史で見ても、ほぼ晴れている状態にあります。それに気づくことなく〝この社会はダメだ〟とか〝自分はダメだ〟と思ってしまうのは、実にもったいないことです。

仕事で切羽詰まったときには〝死ななきゃいけないほどじゃない〟と思い直してみたり、試験に落ちて再度受けることになったときには〝もう一度受けられる幸せを味わおう〟と考えてみる。大変な状況に陥ったときこそ、冷静になって空を眺めてみましょう。

いろいろあっても、心を静かにし、目を明らかにすれば〝これもまた、晴れの日だなあ〟と思えるはずです。

禍福はあざなえる縄のごとし

寒暑《かんしょ》、栄枯《えいこ》は、天地の呼吸なり。
苦楽、栄辱《えいじょく》は人生の呼吸なり。（言志耋録87）

――寒さや暑さ、草木が茂ったり枯れたりすることは、天地の呼吸である。苦と楽や、名誉と不名誉は、人生の呼吸である。

天地の呼吸と重ね合わせる

江戸時代には、天地の動きと人生を重ね合わせる考え方がありました。これは西洋にもあって、人体をミクロコスモスと見て、宇宙をマクロコスモスととらえました。人体と宇宙には関係があると考えていたのです。

ダ・ヴィンチも「人体の図」を描いていますが、あの図を描いたときにもやはり宇宙のことを意識しています。

一方で、東洋では暑さや寒さが巡ることや、春になって草が生い茂り、冬になると枯れていくことを「天地が呼吸をする」と言いました。一巡りが一呼吸。季節も呼吸であり、一日もまた呼吸である。潮の満ち引きも呼吸と考えます。

そういう自然のリズム、繰り返されていく動きを呼吸だと考え、それが「世界が生きものであるゆえんだ」と言ったのです。

これは、人生に置き換えることもできます。人生はプラスだったりマイナスだったりいろいろありますが、それも呼吸のようなもの。息を吸うときがプラスだとすると、フーッと吐いてしぼんでいくときは、マイナスと考えてもいいかもしれません。

人生にも運のよいときがあって、悪いときもある。人生は呼吸だという考え方を持つと、人生はプラスとマイナスの繰り返しなのだということがわかります。ダメなときも、〝これがずっと続くわけじゃない〟と落ち着いて受け止めることができます。

「禍福《かふく》はあざなえる縄のごとし」ということわざは、災いと福は縄を寄り合わせたように入れ替わってやってくるもの、という意味ですが、自分に降りかかってくる事態を、プラスもマイナスも呼吸のように受け入れていく感覚が大切です。

数息観で心を整える

実際に、数を数えながら呼吸をすることを「数息観《すそくかん》」と言いますが、息を吸ってフウーッと吐き、それを数えていくと心が落ち着いてきます。

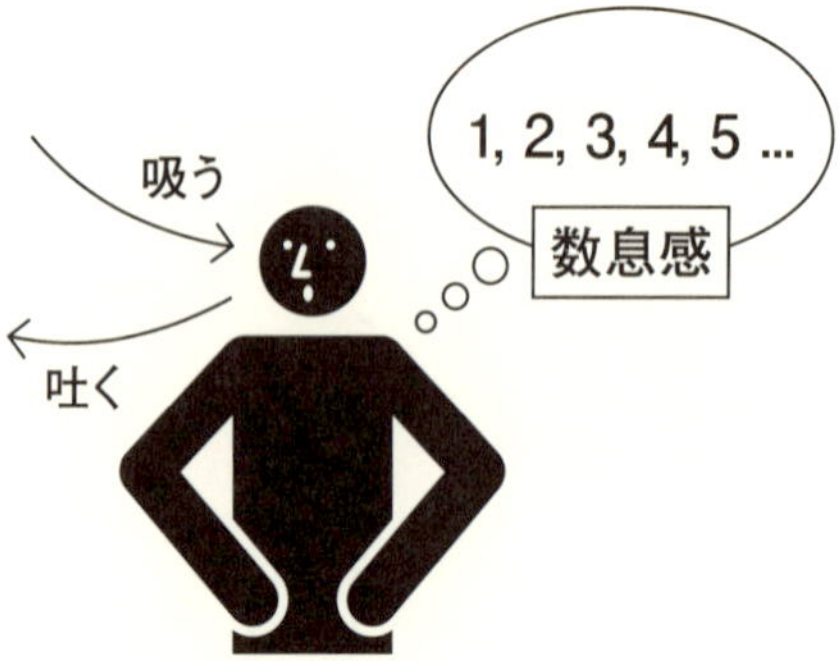

天地の呼吸を意識して心を整える

呼吸法は東洋を中心に発達した自己コントロールの方法ですが、天地も呼吸しているという考えを重ねると、それはそれで面白いものです。

天地も呼吸し、自分も呼吸する。春には春の気分になり、冬には冬の気分になり、雨の日には雨の気分になる。そうして呼吸を続けると、天地が情を持ち、自分と天地が一体になっている「天地有情《てんちうじょう》」を感じられます。

天地有情を提唱した大森荘蔵《しょうぞう》さんは東京大学の哲学の先生でしたが、人間の感情は、周囲の天地の状態と切り離して考えることはできないと言っていました。

考えてみると、湿度の高いじめっとした日には、晴れ晴れとした気分にはなりにくいものですし、鬱蒼《うっそう》とした森では鬱蒼とした気分になるし、カラリと晴れた日には心まで晴れやかな気分になります。

人間というのは、天地の影響を受けているので、その移り変わりを楽しむことが大切です。

人生はよいことばかりではなく、山あり谷あり。それを学習するには「しくじり先生」のような番組を見るのも一つの方法です。先日は新庄剛志さんが登場して話をしていました。彼は、メジャーリーグで成功したので莫大なお金が手に入ったのですが、それを丸々人に預けていたら、全部なくなってしまったそうです。

でも、新庄さんは元気に明るく、今はバリ島で暮らしているという話でした。バリは、美しい島です。さまざまな人生、浮き沈みもいろいろあるけれど、やっぱり天地との呼吸が大切だなと思います。

〝自分は天地の一部だ〟と天地有情の心持ちで、ゆったりと呼吸する。これが、一斎の教えです。

おわりに

『論語』と違って『言志四録』は、それほどたくさん解説本が出ていません。理由は明らかで、ただただ知られていない、ということに尽きます。

しかし実際に読み込んでいくと、『論語』以上の面白さがあると私は感じます。実用主義と言えるほど、とにかく日々の生活に直結する大事なことが書かれています。

佐藤一斎が大事にしていたのは、「自分で決める」（選択する）ことだと、私は思います。人生は、自分で決めることの連続です。

朝、食べるものから、着るもの、仕事の仕方、人との関わり方、そして自分との関わり方――。日々、膨大な量の選択を私たちはしていますが、あまり考えていなかったり、適当に決めていたりすることがあります。しかし佐藤一斎は、どんなときでも「自分で決める」ことを大事にしていました。

「自分で決める」ということは、自分の人生に責任を持つ、ということです。どんな小さなことでも自分で決める。そしてその結果は、きちんと引き受ける。それができてこそ、一人前と言えるでしょう。そうすれば、何か起こっても他人のせいにすることなく、自分のこととして解決できる。精神的にも〝自分で決めたことだから〟と、すっきりします。また、どんな状況になってもへこむことなく、嵐がおさまるのを待って動き出すように と、繰り返し言っています。

私たちは悪い状況になると、そこから逃れたくてつい無駄な動きをしてしまいがちです。しかし、それは大きな間違いで、動くと事態はかえって悪化することが多いのです。そういったときは、すべきことを淡々とし、嵐が過ぎるのを待つ。

嵐の中でも少しは状況がよくなるときがあります。そのときに、力を入れ、物事を自分に引き寄せるのです。

長い人生、自分の思うようにならないときがあるからこそ、そのときを上手に使っていきたいものです。

『言志四録』の中で最も知られている言葉は、「少にして学べば、則ち壮にして為すこと有り。壮にして学べば、則ち老いて衰えず。老いて学べば、則ち死して朽ちず」になるでしょうか。

本文でも書きましたが、「三学の教え」と言われるもので、つまり一生学べ、ということです。子どもでも大人でも年を重ねても、学び続ける。学ぶ人生の構えを作ることで人生が彩り豊かになる、このことも佐藤一斎は強く訴えていました。

日本人の平均寿命は、男性が八〇・九八歳、女性が八七・一四歳と、世界でも稀に見る長寿国です。学校を卒業したら、仕事を辞めたら学びは終わり、ではなく、死ぬまで前を向いて学び続けて死ねるように、ということでしょう。

学び、考え、日々自分で選択することで、自分の人生を自分で作っていく――そのことを心に留めて『言志四録』を折りにふれ、読み返していただければうれしいです。

最後になりますが、この本が形になるにあたっては菅聖子さん、ウェッジ書籍編集室の山本泰代さんにお世話になりました。ありがとうございました。

二〇一七年九月

齋藤 孝

図解 言志四録

——学べば吉

2017年10月31日 第1刷発行
2023年5月31日 第2刷発行

著 者 齋藤《さいとう》 孝《たかし》

発行者 江尻 良
発行所 株式会社ウェッジ
〒101-0052
東京都千代田区神田小川町1-3-1
NBF小川町ビルディング3階
電 話：03-5280-0528
FAX：03-5217-2661
http://www.wedge.co.jp
振 替：00160-2-410636

ブックデザイン 横須賀 拓
DTP組版 株式会社リリーフ・システムズ
印刷・製本所 図書印刷株式会社

ISBN 978-4-86310-189-0 C0095